工藤北斗の司法試験予備試験 最速の「合格(うか)り方」

工藤北斗

慶應義塾大学出版会

まえがき

　本書は，主に予備試験ルートで司法試験合格を目指す方を対象に，司法試験制度の仕組み，試験情報，合格までの学習スケジュール・学習法をお伝えすることを目的としています。
　本書を執筆するに当たり特に気を配った点は以下の3点です。
　①司法試験制度や法律に関する知識がゼロの方でも読めるようにすること
　②データを多用し，記述に客観性を持たせること
　③勉強法一般などのハウツー本的要素を排除すること

＊

　①について，司法試験や予備試験のガイドブック的な書籍は多数ありますが，そこでは，意外なほど「業界用語」が登場します。例えば，「答練」「基本書」「民事系科目」……これらの用語は，司法試験についてある程度知っている方であれば何となく分かるでしょうが，これから学習を始めようという方にとってみれば，クエスチョンマークが並んでしまうものだと思います。法律の世界では格調の高さが重視され，法曹や研究者にとって当たり前のことはあえて言葉にしないこと・説明しないことがよいことだとされる節がありますが，司法試験のガイドブックであるからには「分かりやすさ」が第一なのではないでしょうか。本書は，司法試験制度や法律に関する知識ゼロの方でも，司法試験・予備試験の全体像や学習スケジュールについてイメージを持って頂けるよう，特に配慮して執筆しました。
　②について，本書では予備試験ルートを第一目標とすべきであることを説明していますが，だからといって頭ごなしに法科大学院ルートを否定するようなことはしていません。それぞれにメリット・デメリットがあること，そしてそれは客観的なデータに裏付けられること，それらを踏まえて予備試験ルートを第一目標とすべきであることを説明しています。どのルートを採るのか，どのようにして法曹を目指すのかは最終的には読者の皆様1人1人の判断に委ねら

れています。本書は，あくまでも皆様の選択における判断材料を提供するにすぎません。そのため，筆者の個人的な意見はできる限り排除し，客観的なデータに裏付けられる限度で，合理的な選択肢について説明しました。

③について，司法試験や予備試験のガイドブック的な書籍を読んでいると，モチベーション維持の方法，受かる受験生の特徴など，およそ受験勉強一般に関する記述を目にすることが多いように感じます。しかし，それらは，司法試験の学習という観点からはやや距離があるように思います。司法試験の学習に割くことができる時間が有限であるのと同様に，司法試験受験のための知識を得る時間もまた有限です。本書を執筆するに当たっては，司法試験と関連性が乏しいハウツー本的要素を排除することによって文章量を圧縮し，学習スタートの時点で合理化を図れるよう工夫しました。

またこれと関連して，各試験の具体的な学習方法に踏み込むことは避けました。例えば，「憲法の短答式試験対策はこのようにした方がよい」「民法の論文はこのように書いた方がよい」など，ある程度学習が進んだ方でなければ分からないような記述は本書の目的に沿わないと考えたからです。

＊

本書には以上のような特徴があるため，「派手さ」はありません。一読された後にどことなく「味気無さ」が残るかもしれません。しかし，そのような「味気無さ」を感じて頂ければ本書を執筆するに至った筆者の目的は達することができています。

司法試験や予備試験は法律系の最難関試験ですので，生半可な気持ちで目指すことができるものではありません。目指すからには，並大抵でない覚悟が必要です。

本書がそのような覚悟を持って司法試験や予備試験を目指そうという方の「分かりやすいけれども本格的な」司法試験のガイドブックになるのであれば，筆者の望外の喜びです。

アガルートアカデミー講師　工藤　北斗

CONTENTS

1　司法試験制度の仕組み……………………1

法曹になるためには　2
1　法曹三者とは　2
2　法曹になるためには　4
3　司法試験を受けるためには　10

2　予備試験ルートと法科大学院ルート………13

予備試験ルート　14
1　予備試験の仕組み　14
2　予備試験の合格者数と合格率　15
3　予備試験合格者の司法試験合格率　17

法科大学院ルート　18
1　法科大学院の仕組み　18
2　既修者コース　19
3　未修者コース　20
4　法科大学院入試の難易度　23
5　法科大学院の学費　24
6　既修・未修別法科大学院修了者の司法試験合格率　25

それぞれのルートのメリット・デメリット　30
1　予備試験ルートのメリット・デメリット　30
2　法科大学院ルートのメリット・デメリット　36

どちらを目指すべきか　40
1　まずは予備試験，次に上位・難関法科大学院既修者コース　40
2　モデルケース　42

3　予備試験の各試験の出題形式・特徴 …………47

短答式試験　48
1　試験科目・配点・試験時間・問題数・合格点　48
2　出題形式・特徴　50
3　傾向と対策　68
4　難易度　71

論文式試験　74
1　試験科目・配点・試験時間・問題数・合格点　74
2　出題形式・特徴　76
3　傾向と対策　93
4　難易度　100

口述試験　104
1　試験科目・配点・試験時間・問題数・合格点　104
2　出題形式・特徴　106
3　傾向と対策　106
4　難易度　107

4　予備試験に「最速」で合格するための学習法　109

なぜ「最速」にこだわるのか　110
学習ツール　112
 1　大学の講義　112
 2　独学　113
 3　予備校　114

予備試験「最速」合格のスケジュール
～予備試験突破のための2つの戦略～　118
具体的な学習スケジュール　120
 1　年内の勉強法　120
 2　年明け～3月までの勉強法　124
 3　短答式試験直前期（4月）～短答式試験受験までの勉強法　128
 4　短答式試験受験後～論文式試験受験までの勉強法　129

5　予備試験後の司法試験受験のための学習法　135

予備試験と司法試験の違い　136
 1　出題形式　136
 2　出題科目　136
 3　選択科目　136
 4　論文式試験　137

選択科目の学習法　140
　　1　科目の選択　140
　　2　インプットとアウトプット　140
司法試験に「最速」で合格する　142

あとがきに代えて〜予備試験「最速」合格のための心構え〜　144

参照データ一覧　146

1 司法試験制度の仕組み

法曹になるためには

1 法曹三者とは

法曹三者とは,裁判官,検察官,弁護士のことをいいます。

①裁判官:裁判官は,国民の権利を守るために,憲法や法律に基づいて公正な裁判を行うことを仕事とします。
②検察官:検察官は,犯罪を捜査し,その犯人に対し裁判を起こすことを仕事とします。
③弁護士:弁護士は,「事件」や「紛争」について,法律の専門家として,適切な予防方法や対処方法,解決策をアドバイスすることを仕事とします。

> **Column**　弁護士の仕事
> 　現在法曹三者のうち,約8割を弁護士が占めています。そこで,弁護士の仕事としてどのようなものがあるのか,簡単にご紹介しておきましょう。
> **a　一般民事事件**
> 　一般の方が日常生活上で起きた法的トラブルのことをいいます。例えば,交通事故に遭ったがお金を払ってくれない,離婚したいが応じてくれない,相続で親戚と揉めている,部屋を借りていたら立退きを要求されたなどの場面において,法的な観点からアドバイスをしたり,訴訟を提起したりする仕事です。この一般民事事件を中心業務としている人が弁護士の多数派です。
> 　地方では顕著ですが,一般民事を専門とする弁護士の多くは,1人～5人程度の少人数の事務所を構えています。
> 　労働問題(会社をクビになったとか,残業代を払ってくれない)は,一昔

前までは，専門弁護士の仕事だったのですが，現在では，一般民事の守備範囲に入っています。

b　企業法務

　企業法務は，一般民事と異なり，企業（会社）をお客とする業務です。会社は，一般の方とは異なり，取引をする際に契約書を作ったりしますし，事業活動には様々な法規制（独占禁止法や下請法，消費者契約法など）がかかってきます。

　企業法務を担当している弁護士は，契約書の作成・チェックをしたり，法律問題への対応・指導等をしたりするのが主な業務となります。最近では，M&Aの契約交渉に関与したりもしています。

　企業法務を専門としている法律事務所は，比較的大規模な事務所が多く，中には，100人を超える事務所もあります（大手法律事務所として有名なのは，西村あさひ法律事務所，長島・大野・常松法律事務所，アンダーソン・毛利・友常法律事務所，森・濱田松本法律事務所（いわゆる四大法律事務所）です）。

c　刑事事件

　逮捕されたり，起訴されたりした人の弁護をする仕事です。皆さんがご想像する弁護士像に一番マッチしているかもしれません。ドラマの素材になったり，ニュースで記者会見したりしているのを見たことがある方も多いのではないでしょうか。

　刑事事件は，国選弁護と私選弁護に分かれます。国選弁護とは，捕まった人にお金がない場合に，国が弁護士報酬を支払って弁護士に裁判をさせる制度ですが，これは，登録している弁護士が順番に担当することになっています。そして，東京では，現在，年間3，4回程度しか回ってきません。刑事事件の多くは，国選弁護ですので，多くの弁護士は，ほとんど刑事事件を取り扱っていないという状況です。

　これに対して，私選弁護とは，警察に捕まった人が，自分で弁護士を選んで，自分の費用で弁護を依頼する場合です。私選弁護は，刑事事件を専門にしている弁護士に依頼するケースがほとんどです。

　したがって，刑事事件も専門分野になりつつあります。

d　少年事件

　少年が犯罪をした場合，少年法という法律により，裁判をするのではなく，家庭裁判所の審判を受けることになっています。この審判手続に関与するのが少年事件です。

　子どもが審判手続の過程で考え方を改めた上で，成長する姿が見られるとして，やりがいを感じて精力的に取り組んでいる弁護士もいます。

> **e　企業内組織内弁護士**
>
> 　近年，弁護士登録をしながらも，法律事務所で勤務するのではなく，民間企業に就職する弁護士が増加しています。これらの弁護士を企業内弁護士・組織内弁護士といいます。なお，官公庁に就職する弁護士もいます。
>
> 　企業は，通常，企業法務を担当する弁護士と顧問契約を結んで，法的問題に対応しています。しかし，顧問弁護士は，会社内部の事情や業界の細かい部分まで精通しているわけでないので，十分な援助を受けられない場合があります。また，あくまで外部の人間ですので，相談しにくい案件もあるでしょうし，常に迅速な対応をしてもらえるわけでもありません。
>
> 　そこで，企業では，法務部という部署を作り，日々の法務は，この部署が対処をしているわけです。企業内弁護士・組織内弁護士は，通常，この部署に配属され，会社の内部から法的問題のチェックをしており，必要に応じて外部の法律事務所とも連携しつつ，案件の処理に当たっています。

2　法曹になるためには

(1)　司法試験に合格すること

司法試験の実施時期・科目　法曹三者になるためには，司法試験に合格しなければなりません。この司法試験は，毎年5月に年1回だけ実施されており，法曹三者になるために必要な能力を判定するものです。

　司法試験には，短答式試験と論文式試験があり，短答式試験と論文式試験は同時期に行われ，受験者全員が両方の試験を受けることになります。

　例年5月の半ばに5日間行われ，そのうち論文式試験が3日，短答式試験が1日実施されます。残り1日は中日で，お休みになります。

　司法試験の短答式試験，論文式試験の試験科目は，以下の通りです。

◇短答式試験（5月）：憲法・民法・刑法
◇論文式試験（5月）：公法系科目（憲法・行政法），民事系科目（民法・商法・民事訴訟法），刑事系科目（刑法・刑事訴訟法），選択科目【倒産法・租税法・経済法・知的財産法・労働法・環境法・国際関係法（公法系）・国際関係法（私法系）から1科目】

> **Point**
> □ 司法試験は，毎年5月半ばに年1回だけ実施，合格発表は9月
> □ 短答式試験と論文式試験の両方を受験者全員が受ける

合否判定・配点

配点は以下の通りです。

まず，司法試験では，短答式試験で一定の点数を取った人だけが論文式試験の採点対象になるという仕組みが採られています。

ただし，短答式試験の成績は，合否判定に全く用いられないというわけではなく，短答式試験と論文式試験の比重を1：8になるように調整した上で，その合計点で合否判定が行われています。そのため，実質的には短答は「足切り」程度の役割しか果たさないことになっています。

なお，論文式試験の合格発表（最終合格の発表）は，例年9月上旬に行われています。

短答式試験	配点
憲法	50点
民法	75点
刑法	50点
計	175点

論文式試験	配点
公法系科目	200点
民事系科目	300点
刑事系科目	200点
選択科目	100点
計	800点

> **Point**
> □ 短答式試験で一定の点数を取った人だけが論文式試験の採点対象になる
> □ 短答式試験と論文式試験の比重は1：8

司法試験の合格者数・合格率

a　司法試験の合格者数　司法試験の合格者数は，当初，政府は，3000人程度とするとの数値目標を掲げていましたが，概ね2000人程度で推移をしている現状等に鑑み，平成25年7月の閣議決定で，この数値目標を撤回しました。そのため，平成26年の司法試験の合格者数は注目されていましたが，1810人と前年度より1割程度減となりました。今後，さらなる減少が続くかは分かりませんが，2000人は下回ると予想されています。なお平成27年6月現在，1500人程度を維持するとの案で検討が進められています。

b　司法試験の合格率　平成18年度から平成20年度を除き，概ね20％台で推移しています（図1）。今後合格者数が減少しても，受験者数自体も減少しているので，20％を割り込むことはないのではないかと予想されています（平成18年度から平成20年度は，法科大学院が創設されてから間もない時期であったため，合格者数に対して受験者が少なく，合格率が高い，いわばボーナス期間でした）。

> **Point**
> □ 合格率は20％程度で推移
> □ 合格者数は減少が続く可能性あり

Column　旧司法試験と（新）司法試験の比較

　少し前まで，司法試験の合格率は3％程度の時代が続いており，司法試験は，国家試験の中でも最難関試験だといわれてきました。しかし，平成16年に法科大学院制度が創設されたのをきっかけとして，合格率が大幅に変化しています。

法科大学院制度創設前から続いていた司法試験（以下「旧司法試験」といいます）は，合格率が3％程度の試験でした。この試験は，平成22年で終了しました（平成23年は，平成22年に論文式試験に合格し，口述試験で不合格となってしまった方を対象に，口述試験のみを実施しただけですから，実質的には，平成22年で終了しています）。

　一方，現行の司法試験（旧司法試験と区別するために，ここでは「（新）司法試験」といいます）は，平成18年から始まったので，平成18年から平成22年までの間は，（新）司法試験と旧司法試験が併行実施されていたことになります。

　旧司法試験は，受験者数が多く，合格率が低いことが特徴でした（図2）。これは，旧司法試験には，受験資格がなく，誰でも受けられる試験だったからです。

　これに対して，以下で説明するように，（新）司法試験は，法科大学院を修了した者又は後述する司法試験予備試験（以下，単に「予備試験」といいます）に合格した者でなければ，受験できません。しかも，（新）司法試験には，受験期間の制限があり，法科大学院修了（又は予備試験合格）後，5年以内でなければ，受験することができません。

　つまり，旧司法試験から（新）司法試験への移行は，誰でも受けられるが3％程度しか受からない試験から，受験資格を取得しなければならないが，受験資格さえ得れば比較的受かりやすい試験へ変更されたことを意味するということができます。

> Point
> □ （新）司法試験は，受験資格が必要
> □ 受験資格を取得さえすれば，比較的受かりやすい

【(新) 司法試験の合格率等】(図1)（法務省公表データより作成）

年（平成）	受験予定者数	受験者数	合格者数	合格率
18	2125	2091	1009	48.3%
19	5280	4607	1851	40.2%
20	7710	6261	2065	33.0%
21	9564	7392	2043	27.6%
22	10908	8163	2074	25.4%
23	11686	8765	2063	23.5%
24	11100	8387	2102	25.1%
25	10178	7653	2049	26.8%
26	9159	8015	1810	22.6%
27	8957	8016	—	—

【旧司法試験の合格率等】(図2)（法務省公表データより作成）

年（平成）	出願者数	受験者数	合格者数	合格率
13	38930	34117	990	2.9%
14	45622	41459	1183	2.9%
15	50166	45372	1170	2.6%
16	49991	43367	1483	3.4%
17	45885	39428	1464	3.7%
18	35782	30248	549	1.8%
19	28016	23306	248	1.1%
20	21994	18203	144	0.8%
21	18611	15221	92	0.6%
22	16088	13223	59	0.5%

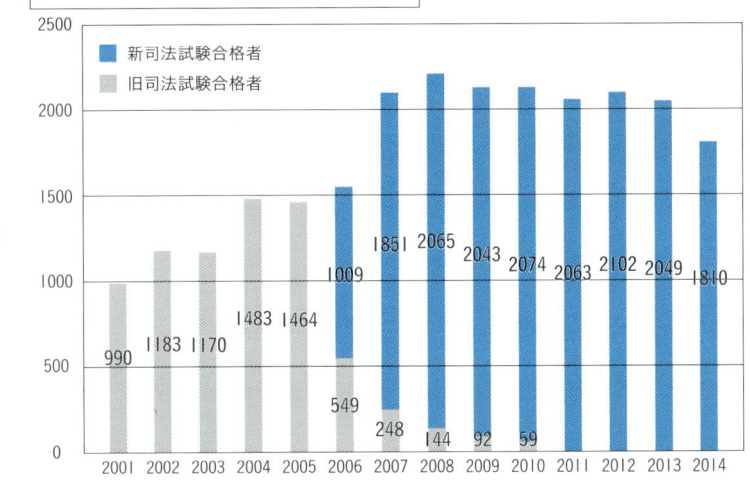

旧司法試験・新司法試験合格者数推移 (図3) (法務省公表データより作成)

(2) 司法修習を修了すること

　司法試験を合格後，法曹三者になるためには，司法修習と呼ばれる1年間の研修期間を経なければなりません。そこで，法曹三者の実務を体験し，法曹として業務をこなすための準備をします。

　司法修習には通称「二回試験」と呼ばれる，卒業試験（司法修習考査）があります。この卒業試験は，例年約95％の人が合格します。

　そのため，司法試験に合格しさえすれば，ほぼ法曹資格を得たものと考えてよいでしょう。

　なお，司法試験に合格後，企業の法務部で7年以上の実務経験を積むなど一定の条件を満たせば，司法修習を経なくとも法曹資格を得ることができます。ただ，これによって法曹資格を得ている人は限りなく少ないというのが現状です。

> **Point**
> □ 原則として，司法試験合格後に司法修習を経なければ法曹にはなれない
> □ 司法修習考査（二回試験）は，95％の人が合格

3 司法試験を受けるためには

(1) 予備試験ルート・法科大学院ルート

　現在の司法試験を受験するためには，**受験資格が必要**です。
　その受験資格は，予備試験に合格するか，法科大学院を卒業するかのどちらかによって得ることができます。
　次章で詳しく説明しますが，法科大学院を修了するためには，法科大学院入試に合格し，その後最低2年間は法科大学院に通わなければなりません。
　これに対して，予備試験の受験資格は，学歴や年齢などの制限はなく，誰でも受験することができます。
　予備試験は，経済的な理由などで法科大学院に進学できない方に法曹への途を開くために用意され，平成23年からスタートしました。

(2) 受験制限

　この2つのルートのどちらかによって受験資格を取得した後も，無制限に司法試験を受験し続けることができるわけではありません。法科大学院修了（又は予備試験合格）後，5年以内でなければ，受験することができ

ません（なお，平成 26 年以前は，回数制限もあり，5 年以内に 3 回までしか受験できませんでした）。

> **Point**
> □ 司法試験を受験するためには，予備試験に合格するか，法科大学院を卒業するかのいずれかが必要
> □ 受験資格の有効期間は，取得から 5 年間

Column　三振制と受け控え

a　三振制

本文でも述べた通り，司法試験は，平成 26 年以前，受験資格を得てから 5 年以内に 3 回までしか受験できませんでした。3 回のチケットを使い切ってしまうと，受験資格の取得から 5 年間経過していなくとも，司法試験を受験することができなくなってしまうため，俗に「三振制」と呼ばれていました（ちなみに，日本の訴訟制度は，当事者が希望すれば，裁判所で 3 回審理をしてもらうことができることを原則としているため，「三審制」と呼ばれます）。

そのため，その 3 回のチケットをどこで使うのかということが大問題となっていました。

b　受け控え

司法試験は 5 月に実施されますが，司法試験の出願時期はより早く，前年の内に願書を出さなければなりません。そのため，法科大学院の卒業見込みの受験生は，ひとまず前年の内に願書を出しておくことになります。

しかし，その後，各予備校が司法試験の直前模試を実施します。そこでの成績判定が悪かった場合，今年は受験しても合格しないだろうということで，出願したはよいものの，試験会場に行かない（出願していても，実際に受験しなければ回数としてカウントされないからです）という現象が見られました。これを俗に，「受け控え」と呼んでいました。図1の受験予定者数と受験者数の差がこの「受け控え」層なのですが，平成 21 年以降，毎年 2000 人〜3000 人の「受け控え」が出ていたことが分かります。

平成 26 年に司法試験法が改正され，受験資格取得後 5 年間であれば，回数制限なく司法試験を受験することができるようになったため，「受け控え」は意味のないものになりました（ただ，平成 26 年，平成 27 年も「受け控

え」が 1000 人程度出ており，これがどのような理由によるものなのかはよく分かっていません）。

2 予備試験ルートと法科大学院ルート

予備試験ルート

1 予備試験の仕組み

　予備試験を受けるための受験資格や受験回数の制限はなく，誰でも受けることができます。短答式試験，論文式試験，口述試験の3つの試験があり，順番に1つずつ合格していかないと次の試験を受けることができません。そして，口述試験まで合格すると，晴れて司法試験の受験資格を得ることができ，翌年の司法試験を受験することができるようになります。

　なお，予備試験には「一度合格すれば免除」という制度はありません。そのため，論文式試験，口述試験で不合格となってしまった場合，来年度はまた短答式試験から受験しなければなりません。

　予備試験の実施時期と科目は以下の通りです。各試験の特徴などは，次章で詳しく説明します。

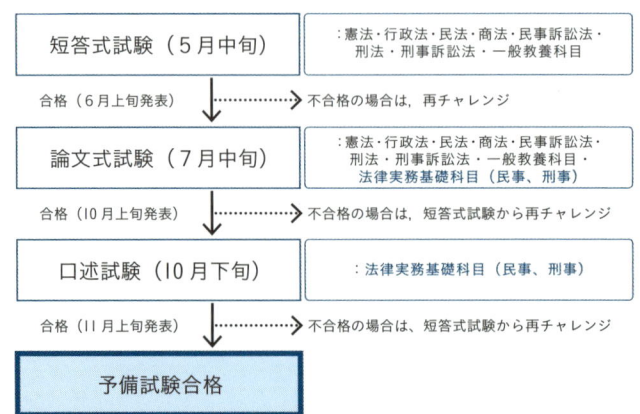

2 予備試験の合格者数と合格率 (図4)

(1) 合格者数

　予備試験は平成23年に始まって以来，年々その合格者数が増え続けてきたのですが，平成26年で頭打ちになった感があります。そのため，おそらく今後も300人台で推移していくのではないかと考えられます。

(2) 合格率

　合格率も年々上昇していたのですが，平成26年はやや下落しました。平成27年の出願者数が平成26年と大差なかったことを考えれば，合格者数と同様，今後も大きな変化はなく，3％台で推移するのではないかと予想されます。

> **Point**
> □ 予備試験の合格者数は，300人程度で，合格率は3％台

【予備試験の合格率等】（図4）（法務省公表データより作成）

年（平成）	短答式試験				論文式試験		
	出願者数	受験者数	合格者数	合格率	受験者数	合格者数	合格率
23	8971	6477	1339	20.7%	1301	123	9.5%
24	9118	7183	1711	23.8%	1643	233	14.2%
25	11255	9224	2017	21.9%	1932	381	19.7%
26	12622	10347	2018	19.5%	1913	392	20.5%
27	12543	10334	2294	22.2%			

年（平成）	口述試験			最終合格率
	受験者数	合格者数	合格率	
23	122	116	95.1%	1.8%
24	233	219	94.0%	3.1%
25	379	351	92.6%	3.8%
26	391	356	91.1%	3.4%
27				

3 予備試験合格者の司法試験合格率

　予備試験合格者が司法試験を初めて受験してから3年が経過していますが，いずれの年も70％近い高い合格率を誇っています（図5）。これは，どの法科大学院よりも高い数字です。

> **Point**
> □ 予備試験合格者の司法試験合格率は，どの法科大学院よりも高い

【予備試験合格者の司法試験合格率】（図5）（法務省公表データより作成）

平成23年	平成24年	平成25年	平成26年
－	68.2%	71.9%	66.8%

法科大学院ルート

1　法科大学院の仕組み

　法科大学院へ入学し，修了すれば，無条件に司法試験の受験資格を得ることができます。詳細は後述しますが，現在，多くの法科大学院で定員割れを起こしている状態ですので，**法科大学院ルートは，時間はかかりますが，確実に司法試験の受験資格を得られるルート**だといえるでしょう。

　法科大学院へ入学するための方法ですが，法科大学院には，2年間で修了することができる**既修者コース**と3年間で修了することができる**未修者コース**があります。いずれのコースを採るとしても，まず，毎年5月末から6月中旬に実施される**適性試験**という全国共通の試験を受け，その後，主に8月中旬から11月中旬までの間に実施される**各法科大学院が実施する試験**を受験することになります。国公立大学の入試におけるセンター試験と2次試験のような関係だと思って頂ければ結構です。

　適性試験では法律の知識は問われず，論理的判断力，分析的判断力，長文読解力を測る問題が出題されます。

　既修者コースと未修者コースでは各法科大学院実施の試験が異なりますので，以下分けて説明します。

2　既修者コース

(1)　既修者コースとは

　既修者コースとは，上記のように，入学後2年間の学習期間で法科大学院を修了でき，司法試験の受験資格を取得できるコースです。
　既修者コースは，それぞれの大学院によって試験科目や出題形態は異なるのですが，法律の知識を問う試験が実施されます。入学段階で一定の法律知識を備えていることを前提とする代わりに，2年間の学習期間で法科大学院を修了することができるということです。
　なお，法学部卒業か否かは関係がありません。他学部の方でも，既修者コースへの出願ができますし，逆に，法学部の方でも，未修者コースへの出願ができます。

(2)　法律試験
（カッコ内で具体例として挙げている大学院については，平成27年度入試データに基づくもの）

　ほぼ全ての大学院で，論文式試験が課されます。出題される科目は，大学院によって様々ですが，憲法・民法・刑法の3科目はほとんどの大学院で出題されています。商法，民事訴訟法，刑事訴訟法，行政法は法科大学院によって様々です。
　短答式試験は，これを課す大学院（慶應義塾大学など）と課さない大学院（東京大学など）があります。課すとしても，独自の試験を実施する大学院もあれば（慶應義塾大学など），7月に法学検定試験委員会が実施する「法学既修者試験」の成績提出を義務付けることで代替する大学院もあり

ます（早稲田大学など）。

　口述試験は，ほぼ課されていません。面接が実施される大学院もあります（一橋大学など）が，そこで聞かれているのは，法律知識ではなく，志望動機等です。

(3) 法律試験以外

　適性試験の成績，志望動機書（ステートメント），英語（TOEIC・TOEFLの成績），面接，学部成績（GPA），職務経歴など，合否の判定に当たっては法律試験の成績以外の様々な要素が考慮されます。

　それぞれの要素をどのような形で，どのくらいの比重で考慮するかを公表している大学院もあります（慶應義塾大学など）が，公表していない大学院もあります（東京大学など）。

> **Point**
> □ 既修者コースは，2年間で修了できる
> □ 既修者コースでは，法律科目が試験科目になっている
> □ 試験形式，科目は法科大学院によって様々だが，憲法・民法・刑法の論文式試験が課されている点ではほぼ共通している

3　未修者コース

(1) 未修者コースとは

　未修者コースは，法律を学んだことがない方のためのコースです。入学

後法科大学院の修了，司法試験の受験資格取得までに3年間の学習期間を要します。

未修者コースも，それぞれの大学院によって試験科目や出題形態は異なるのですが，法律の知識を問う試験が実施されません。入学段階では法律知識を備えていないことを前提に，法科大学院の修了まで3年間の学習期間を要するのです。

(2) 合否判定

未修者コースでは，法律試験が課されませんので，それ以外の要素で合否を判定するしかありません。そのため，適性試験の結果，小論文，志望動機書（ステートメント），英語（TOEIC・TOEFLの成績），面接，学部成績（GPA），職務経歴等様々な要素を総合的に考慮して合否を判定する法科大学院が多いのです。

> **Point**
> ☐ 未修者コースは，修了までに3年間かかる
> ☐ 試験科目に法律はなく，代わりに面接や小論文が課される

Column 「隠れ未修」

法科大学院は今でこそ人気が低迷し，ほとんどの大学院で定員割れを起こし，中には募集停止になるところも出てきていますが，設立当初は，修了者の7，8割が合格するとのふれ込みも相まって大変な人気でした。設立当初から，1年間学習期間を短縮できる既修者コースを志望する受験生が多かったのですが，上位・難関法科大学院の既修者コースは，かなりの難関試験でした。

そのため，法律の学習経験があっても，あえて既修者コースの入試を避け，未修者コースを受験する，あるいは既修者コースと未修者コースを併願する

といった受験生が相当数いました。中には，法科大学院の授業についていくことができるかどうか不安で，未修者コースを選択した受験生もいたようです。

その結果として，法科大学院入学前に一定の法律知識を備えているにもかかわらず，未修者コースに入学する受験生がおり，その方たちを「隠れ未修」と俗称しています。

なお，これに対して，本来的な意味での未修者の方たちを「純粋未修」と呼ぶことがあります。

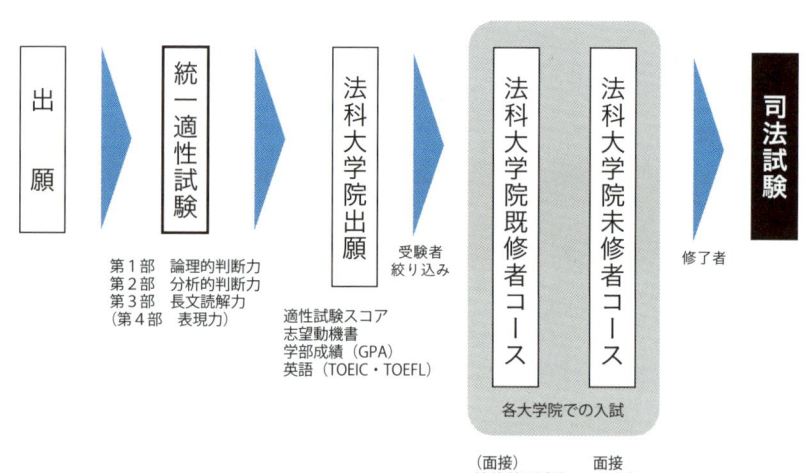

4　法科大学院入試の難易度

　それぞれの法科大学院ごとに異なるため，一概にはいえませんが，受験者数が年々低下し（平成16年では，累計の志願者数が7万2800人であったのに対し，平成25年では1万3924人にとどまりました），定員充足率が平成25年で63.3％にまで落ちています（図6）。また，定員割れを起こしている法科大学院は，9割を超えており，社会問題としてもクローズアップされています。

　このような受験生の法科大学院離れが原因となり，易化傾向が続いています。

　上位・難関法科大学院と呼ばれる一部の法科大学院（本書では，直近3年間ともに既修者合格率50％を超え，かつ10名以上の合格者を輩出する大学院，東京大学，一橋大学，慶應義塾大学，京都大学を指すことにします）では，現在でも，受験倍率が3，4倍程度になりますが，以下で説明するように，現在法曹志望者のほとんどが予備試験を第1志望としており，法科大学院は予備試験に残念ながら不合格となってしまった場合の次善の手段として考えられています。優秀な受験生（特に大学生）は予備試験で合格していくので，合格するために必要な学力は全体的に低下しているといえます。

> **Point**
> □ 学生の法科大学院離れが原因で，法科大学院入試は易化傾向にある

【法科大学院入学定員充足率等】（図６）（文部科学省公表データより作成）

年（平成）	志願者数※	入学定員数	入学者数	入学定員充足率
16	72800	5590	5767	103.2%
17	41756	5825	5544	95.2%
18	40341	5825	5784	99.3%
19	45207	5825	5713	98.1%
20	39555	5795	5397	93.1%
21	29714	5765	4844	84.0%
22	24014	4909	4122	84.0%
23	22927	4571	3620	79.2%
24	18446	4484	3150	70.3%
25	13924	4261	2698	63.3%
26	11450	3809	2272	60.0%
27	10370	3169	2201	69.4%

※ 「志願者数」とは，各大学における入学者選抜の出願者数の合計値をいう。

5 法科大学院の学費

　国立大学で年間80万4000円（平成26年現在，別途，入学金が282000円），私立大学では年間100万円程度（別途，入学金が20万円程度と在籍料や研究会費等の名目で10万円から30万円程度かかる大学院もあります）かかります。

> **Point**
> □ 法科大学院の学費は，国立大学で80万4000円，私立大学だと100万円以上

24

6　既修・未修別法科大学院修了者の司法試験合格率

「ボーナス期間」だった平成18年度から平成20年度の合格率を除くと、既修者コース修了者では30％台で推移しています（図8）。

しかし、上位・難関法科大学院の既修者コース修了者に限ってみると、予備試験合格者の司法試験合格率と同等の、高い合格率をたたき出しています（図7）。

ただし、26頁のコラム「『法科大学院修了』と『予備試験合格』の併用？」で説明するように、この中には相当数の「予備試験合格者」が含まれている可能性があります。

【上位・難関法科大学院既修者コース修了者の司法試験合格率】（図7）
（法務省公表データより作成）

	平成26年度合格率	平成25年度合格率	平成24年度合格率
東京大学	75.7%	71.9%	64.9%
一橋大学	57.6%	60.5%	63.3%
京都大学	66.5%	62.1%	64.2%
慶應義塾大学	63.0%	71.3%	64.7%
予備試験合格者の司法試験合格率	66.8%	71.9%	68.2%

※　合格者数を受験者数で除した数値

一方で、未修者コース修了者には、厳しい現実がつきつけられています。年々合格率が低下し続け、平成26年にはついに約12％にまで落ち込んでしまいました（図8）。

【既修者・未修者別合格率】(図8)(法務省公表データより作成)

年（平成）	既修者 受験者数	既修者 合格者数	既修者 合格率	未修者 受験者数	未修者 合格者数	未修者 合格率
18	2091	1009	48.3%	―	―	―
19	2641	1215	46.0%	1966	636	32.4%
20	3002	1331	44.3%	3259	734	22.5%
21	3274	1266	38.7%	4118	777	18.9%
22	3353	1242	37.0%	4810	832	17.3%
23	3336	1182	35.4%	5429	881	16.2%
24	3231	1171	36.2%	5071	873	17.2%
25	3152	1209	38.4%	4334	720	16.6%
26	3417	1121	32.8%	4354	526	12.1%

Point

□ 司法試験の合格率は，既修者コースの方が高く，上位・難関法科大学院であれば，予備試験合格者とほぼ同率

□ 未修者コースは，年々合格率が低下しており，平成26年では約12％にまで低下

Column 「法科大学院修了」と「予備試験合格」の併用？

　実は，法科大学院修了者の司法試験合格率も，予備試験合格者によって引き上げられている可能性があります。43頁のコラム「予備試験合格者の属性」で説明するように，現在予備試験合格者の半数以上を法科大学院生が占めている状況です（法科大学院在学中の予備試験合格者の数は，大学を卒業し，現在「法科大学院在学生」となっている方がいるため，正確にカウントすることはできませんが）。この法科大学院在学中の予備試験合格者がどうするかというと，法科大学院を退学し，翌年の司法試験を受ける場合もありますが，そのまま法科大学院に残り，法科大学院を修了する場合があります。

この場合,「法科大学院修了」と「予備試験合格者」という2つの受験資格を得ることになります。

このうち「法科大学院修了」の受験資格で司法試験を受験すれば,予備試験に合格していても,「法科大学院修了」者としてカウントされます。法科大学院在学中に予備試験に合格する学生は,まず間違いなく司法試験にも合格するので,法科大学院修了者の司法試験合格率も,予備試験合格者によって引き上げられている可能性があるのです。

Column　法科大学院での生活

a　法科大学院の授業

必修科目と選択科目に分けられています。必修科目では,司法試験の必須科目である基本7科目（憲法・民法・刑法・商法・民事訴訟法・刑事訴訟法・行政法）が割り当てられています。選択科目には,実務基礎科目（要件事実論など,なお,要件事実論は予備試験の法律実務基礎科目民事で要求されます）,基礎法学・隣接科目（外国法など）,展開・先端科目（司法試験選択科目など）があり,ゼミなどを履修できる法科大学院もあります（筆者の修了した慶應義塾大学法科大学院では,ワークショッププログラムという,実務的なゼミのようなものがありました）。

b　授業の予習・復習

法科大学院にも授業を担当する教授にもよりますが,一般的に法科大学院の授業の予習・復習は,過酷だといわれています。予習では,膨大な量の判例・文献などを読まなければなりません。多くの法科大学院では,少人数のクラス制が採られており,ソクラテスメソッドと呼ばれる問答形式で授業が進められるため,予習をしていないと教授からの質問に答えられないからです。

また,授業内レポート,中間試験,期末試験に備えるために,授業の復習も必要です。

そのため,朝から晩まで法科大学院の自習室にこもって勉強しているという学生も少なくありません。

c　授業内容

よく「法科大学院の授業は司法試験に役立つのか？」と聞かれることがありますが,これに関しては,法科大学院や担当教授によるとしかいいようがありません。

かつては,法科大学院の予備校化を避けるため,法科大学院では司法試験

の受験指導全般が禁止されていましたが，最近は文部科学省の態度が少し変化してきたこともあり，司法試験過去問を授業内で取り扱うなど，司法試験に役立つ授業が行われる場合もあるようです。もっとも，未だに教科書や判例を読み上げるだけの授業など，司法試験との関係が乏しい授業を行っている大学院や教授もいると聞きます。

d 就職事情

報道等でご存知の方もいることと思いますが，法科大学院修了者の就職事情は厳しいといわれています。

もっとも，上位・難関法科大学院では，少し状況が異なります。

上位・難関法科大学院では，大手法律事務所への就職を志望する学生が多いという傾向があります。

上位・難関法科大学院の既修者コースに通う学生は，司法試験の合格が目標なのではなく（上記のような合格率からすれば，普通に勉強していれば，司法試験には合格できるからです），また，法律事務所に就職することが目標なのでもなく，大手法律事務所から内定をもらうことが目標となっています。

ただ，現在，大手法律事務所は，上位・難関法科大学院の既修者コース修了者ではなく，予備試験合格者を優先的に採用しています。そのため，予備試験が始まるまでは，大手法律事務所に就職できていた（はずの）法科大学院既修者コースの学生が弾き出されてしまうという状況にあります。そこで，上位・難関法科大学院の既修者コースの学生は，予備試験合格を目指したり，さらに法科大学院内での成績（GPA）の向上を目指したり，何とかしてその難関を突破しようと必死に勉強しているのです。

ちなみに，法科大学院の必修科目の成績評価は相対評価なので，GPAを向上させるためには，レポート・中間試験・期末試験とあらゆる場面で他人より秀でていなければなりません。法科大学院生が授業の予習・復習に勤しむのは，単に授業の内容を消化することだけでなく，GPAを向上させるという意味もあります。

それぞれのルートのメリット・デメリット

1 予備試験ルートのメリット・デメリット

(1) メリット

① お金と時間がかからない

　予備試験ルートの最大のメリットは，やはりお金と時間がかからないということでしょう。

　例えば，大学1年生を例にとって説明します。

　大学生1年生で学習を開始して，1年間の勉強で大学2年次に予備試験に合格すると，大学3年次に司法試験を受験し，合格することができます。

　これに対して法科大学院ルートを選択した場合，大学の早期卒業制度や飛び級制度を活用し，大学在学期間を3年間に短縮し，既修者コースに入学したとしても，大学3年間＋法科大学院2年間の学習期間が必要です。

　また，予備試験ルートの場合には，法科大学院に授業料を支払う必要はありませんし，その間にかかる生活費や教科書・参考書の書籍代・コピー代などの諸雑費もかかりません。

　必要な費用は，学習期間に応じた生活費・諸雑費と，予備校の授業料だけです（なお，後に説明しますが，1年間の学習期間で予備試験の合格を目指す場合には，予備校の利用は必須です）。

　そのため，法科大学院ルートに比べ圧倒的に，時間とお金を節約することができます。

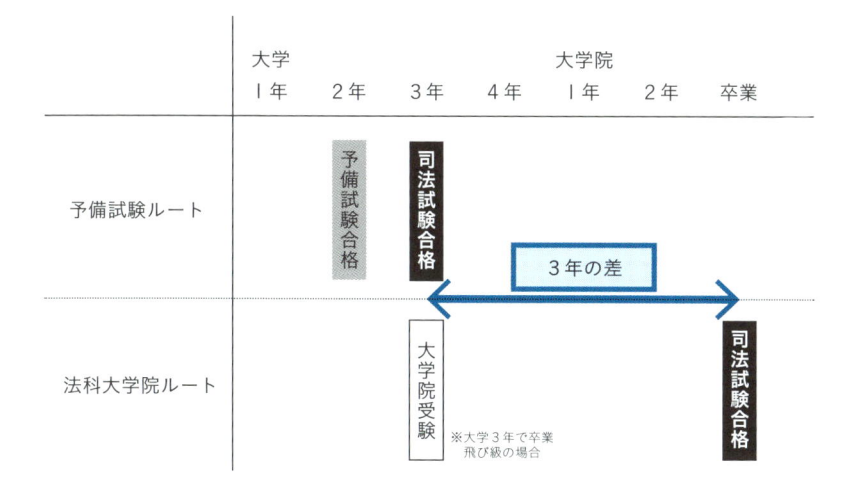

	大学				大学院		
	1年	2年	3年	4年	1年	2年	卒業

予備試験ルート：予備試験合格（2年）→ 司法試験合格（3年）

法科大学院ルート：大学院受験（3年）※大学3年で卒業 飛び級の場合 → 司法試験合格（卒業）

3年の差

　実際に，予備試験口述試験受験者に対するアンケートでは，大学在学中の受験生のうち84％の方が，予備試験を受験した理由として，「少しでも早く法曹資格を取得し，実務に就く」を選択し，68％の方が，「経済的に法科大学院に進学可能であるが，経済的負担を少しでも軽減する」を選択しており，多くの方がこの点を重視していることが分かります（図9）。

　なお，これは費用を圧縮することができるということだけに止まりません。司法試験に早く合格できるということは，それだけ早く法曹として活躍することができるということですから，生涯年収の面でかなりの開きが出てきます（例えば，大手法律事務所に入所した場合，初年度から1000万円前後の年収を得ることができますので，数年間で数千万円の開きが出てしまいます）。

【大学在学中に予備試験を受験した理由】（図9）
（法曹養成制度改革顧問会議第15回資料より抜粋）

問9(1) 大学在学中に予備試験を受験した理由（4つまで）						
回答数	経済的余裕がなく法科大学院に進学できない	経済的に法科大学院に進学可能であるが、経済的負担を少しでも軽減する	少しでも早く法曹資格を取得し、実務に就く	法曹としての能力を身につけるためには、必ずしも法科大学院で学ぶ必要はない	司法試験に合格するためには、法科大学院で学ぶよりも、予備試験対策を行う方が効率的	法科大学院で学んだとしても、司法試験に合格できるか不安
25	3 (12.0%)	17 (68.0%)	21 (84.0%)	7 (28.0%)	4 (16.0%)	2 (8.0%)
	法曹を目指したいが、自分に適性があるか見極める	自分の実力を試す	予備試験に合格しておいた方が就職等の面で有利	仮に合格できなくても、良い法科大学院に進学するための力を付けるのに役立つ	自分の周囲の受験仲間が予備試験を受験しているため	その他
	2 (8.0%)	11 (44.0%)	12 (48.0%)	11 (44.0%)	2 (8.0%)	1 (4.0%)

早く自立した社会人になりたいと思うため。

② 予備試験合格後の司法試験合格率が高い

　予備試験合格者の司法試験合格率は，どの法科大学院よりも高いものになっていますので，予備試験ルートで受験資格を得れば，法科大学院ルートで受験資格を得るよりも司法試験に合格しやすいということができます。

　もっとも，上位・難関法科大学院の既修者コースを修了すれば，予備試験合格者と同等の確率で司法試験に合格することができますので，これは大したメリットとは呼べないでしょう。

③ 就職に有利

　①と並ぶ予備試験ルートの魅力が就職における大きな優位性です。

　現在，大手渉外法律事務所は，予備試験合格者を優先的に採用しています。そもそも，予備試験合格者と法科大学院修了者では，採用活動の窓口

そのものが異なっています。

　実際に，予備試験口述試験受験者に対するアンケートでは，法科大学院在学中に予備試験を受験した方の78.5％の方が，「予備試験に合格しておいた方が就職等の面で有利」であると答え，この点を予備試験の魅力であると考えています（図10）。

【法科大学院在学中に予備試験を受験した理由】（図10）
（法曹養成制度改革顧問会議第15回資料より抜粋）

問10(1) 法科大学院在学中に予備試験を受験した理由（4つまで）						
回答数	経済的余裕がなく法科大学院に通い続けられない	経済的に法科大学院に通い続けることは可能であるが，経済的負担を少しでも軽減する	少しでも早く法曹資格を取得し，実務に就く	法曹としての能力を身につけるためには，必ずしも法科大学院を修了する必要はない	司法試験に合格するためには，法科大学院で学ぶよりも，予備試験対策を行う方が効率的	法科大学院で学んだとしても，司法試験に合格できるか不安
79	2 (2.5%)	15 (19.0%)	22 (27.8%)	12 (15.2%)	5 (6.3%)	15 (19.0%)
	自分の実力を試す	予備試験に合格しておいた方が就職等の面で有利	自分の周囲の受験仲間が予備試験を受験しているため	司法試験を受験する前に試験の雰囲気に慣れるため	その他	
	63 (79.7%)	62 (78.5%)	23 (29.1%)	43 (54.4%)	3 (3.8%)	

・法科大学院を休学していたので，卒業年度が遅くなると経済的に厳しかった。
・法科大学院制度を批判するならば，前提として予備試験に受かっておくべきと考えた。
・予備試験を受けないと劣るような周囲の風潮があってやむなく。

④　社会人の人は仕事を辞めなくてもよい
　法科大学院も夜間コースを設けている場合がありますので，これを利用

すれば，仕事を続けながら法科大学院に通うことが可能です。

　もっとも，上位・難関法科大学院に通おうとすれば，どうしても仕事を辞めなければなりません。

　これに対して予備試験の場合には，一定の時間帯に授業があるわけではありませんので，仕事を続けながら目指すことができます。もちろん，仕事を続けながらの学習は大変ハードなものがありますが，旧司法試験時代も，仕事を続けながら司法試験に合格していった人はたくさんいますので，十分に可能性はあります。

> **Point**
> □ 予備試験はお金も時間もかからない
> □ 合格してしまえば，就職も有利

(2) デメリット

① 難しい

　予備試験の合格率は，今後も3％前後で推移していくことが見込まれていますので，簡単な試験でないことは確かです。これに対して，法科大学院は卒業すれば，受験資格を得ることができます。そして，上位・難関法科大学院といえども，入学と卒業は予備試験に比べて難しくはありません。

　試験の難しさは予備試験の大きな問題であるといえます。

　ただ，予備試験の場合は，司法試験と異なり，いつでも何回でも受験することができますので，目指すこと・受験することのデメリットとはいい難いように思います。

② 受験仲間ができにくい

　27頁のコラム「法科大学院での生活」で説明したように，法科大学院はクラス制が採られていますので，横のつながりが非常に強いといえます。

試験情報等でも有益なものはすぐにシェアされていきます。

これに対して，予備試験の場合には，基本的に一人で勉強しなければならないので，受験仲間ができにくいという面があります。

もっとも，現在ではSNSが発達しており，同じく予備試験を目指す仲間を見つけることはさほど難しいことではありません。また，多くの方が予備校に通うことになるので，そこで受験仲間を見つけることも可能です。

③　大学生の場合，大学在学中は勉強に専念する必要がある

予備試験は大変な難関試験です。そのため，大学生の方であれば，本気で予備試験を目指す場合，基本的に遊びは必要最小限度にしなければなりません。大学在学中の合格にこだわらない，何年かかってもよいというのであれば，遊びも勉強も両立させることができるかもしれませんが，それでは予備試験を目指す意味はないでしょう。

大学生の方であれば，サークル活動，アルバイト，旅行など，勉強以外にも色々とやりたいことがあるのだと思います。しかし，予備試験を本気で目指すと決めたからには，これらはある程度犠牲にしなければなりません。社会人の方で，仕事を継続しつつ，予備試験を目指すのであれば，仕事以外の時間は全て勉強に費やす必要があります。

これは，予備試験を目指す以上当然のことなので，デメリットと呼んでよいのかどうか分かりませんが，それなりの覚悟は必要だということです。

> **Point**
> □　予備試験は，合格率が低く，難しい
> □　法科大学院ルートに比べて，勉強しやすい環境が与えられていない

2 法科大学院ルートのメリット・デメリット

(1) メリット

① 入学・卒業が難しくない（予備試験ルートのデメリット①③に対応）

　上位・難関法科大学院といえども，法科大学院入試全体の難易度が低下していることから，真面目に勉強していれば十分合格できるレベルです。大学生の方であれば，勉強に専念する必要はなく，サークル活動などと両立させることが可能です。

　また，現在は修了認定も厳しくありませんので，真面目に勉強していれば卒業することができます。

　予備試験に比べて難しくなく，ほぼ確実に受験資格が得られるという点は，法科大学院ルートのメリットといえるでしょう。

② 受験仲間ができやすい（予備試験ルートのデメリット②に対応）

　法科大学院では，クラス制が採られている関係で，有益な情報をすぐに入手することができることは法科大学院のメリットといえます。

③ 上位・難関法科大学院の既修者コースに合格できれば，司法試験の合格も見えてくる

　上記のように，上位・難関法科大学院の既修者コースの卒業生は，予備試験合格者と同等の確率で司法試験に合格していますので，この点は予備試験と同等のメリットといってよいでしょう。

> **Point**
> □ 法科大学院ルートは，受験資格を得やすい
> □ 勉強仲間もできやすく，勉強しやすい
> □ 上位・難関法科大学院既修者コースに入学すれば，高確率で司法試験に合格できる

(2) デメリット

① **お金と時間がかかる**（予備試験のメリット①に対応）

法科大学院ルートの最大のデメリットです。

上記のように，最低でも大学3年間＋法科大学院2年間の学習期間を要しますので，膨大な時間とお金を費やすことになります。生活費や書籍代・コピー代などの諸雑費もかさみます。

ちなみに，116頁のコラム「法科大学院ルートを採る場合，予備校は不要？」で説明しますが，法科大学院ルートを採ったからといって予備校利用が不要になるわけではありません。上位・難関法科大学院に合格するためにはそれなりの受験勉強が必要ですし，多くの法科大学院生は法科大学院入学後も予備校を利用しています。法科大学院の講義だけでは，司法試験の受験勉強として十分でないことが多いからです。

法科大学院ルートを採った場合には，予備試験ルートと同等，あるいは，学習期間が長い分，それ以上の予備校の授業料がかかることは覚悟しておいた方がよいでしょう。

② **就職における優位性が無い**（予備試験ルートのメリット③に対応）

上位・難関法科大学院といえども，予備試験合格者に比べてはるかに修了者が多いので，ほとんど希少価値はありません。就職ということを考えれば，明らかに予備試験ルートよりも不利になります。特に，大手法律事務所を志望している方にとっては，上位・難関法科大学院であることが最

低条件になりますので，この点はアピールポイントになりません。

　法科大学院においてよほどの好成績を残すなど，何か特筆すべき事項がなければ，大手法律事務所への就職は難しいでしょう。

③　**予備試験ルート受験生に勝てない**（予備試験ルートのメリット⑤に対応）

　次に説明しますが，結論として，現在の多くの受験生は予備試験を第1志望とし，それがダメだった場合に，法科大学院に進学するという選択をしています。そのため，上位・難関法科大学院入試においては，予備試験志望者と競合することになります。

　本気で予備試験を志望している方は，勉強に専念していますので，仮に予備試験に合格できなかったとしても，かなりの学力を備えていることは間違いありません。

　そのような受験生と法科大学院入試において競わなければならないとなると，法科大学院ルート志望者はどうしても弾き出されてしまいます。

　これは予備試験と法科大学院の併願がスタンダード化したことの結果論にすぎないのかもしれませんが，現状としては法科大学院ルートのデメリットといえるでしょう。

Point
- □ 法科大学院ルートは，お金と時間がかかってしまう
- □ 予備試験ルートに比べると就職は不利

どちらを目指すべきか

1　まずは予備試験，次に上位・難関法科大学院既修者コース

　これまでの説明では，予備試験ルートと法科大学院ルートを二項対立的に扱ってきましたが，実はそのように考える必要はありません。

　予備試験のお金も時間もかからず就職にも有利というメリットを考えれば，法曹を志望する場合，まずは予備試験を目指して学習すべきなのは当然です。

　しかし，予備試験は大変な難関試験なので，一生懸命勉強しても，運が悪く合格できないこともあります。

　そのような場合に備えて，法科大学院を併願すればよいのです。もちろんここでいうところの法科大学院とは上位・難関法科大学院を指します。

　実際に，多くの受験生が第1に予備試験合格を目指して勉強しています。大学生と大学卒（法科大学院生を除く）の合計が約8割の方という回答者群のアンケートにおいて，「学習の目的，重視している順位」の質問では約7割の方が予備試験を1位に挙げ，法科大学院合格を1位にした方は1割強にとどまりました（図11, 12参照）。

【法曹志望についてアンケート～学習の目的，重視している順位(1)予備試験合格】
（図11）（法曹養成制度改革顧問会議第9回資料より抜粋）

	回答数	占有率（全体）
1位	124	**69.3%**
2位	34	19.0%
3位	7	3.9%
4位	0	0.0%
回答なし	14	7.8%

＊ アンケートの当該質問は下記の通り。
2. 現在の学習の目的について，重視しているものの順番と理由などを教えてください。
① カッコ内に重視している順番を1～算用数字でご記入ください。
（　）司法試験予備試験合格
（　）法科大学院合格　【第一志望：　　　　　　　　法科大学院】
（　）司法試験
（　）その他（　　　　　　　　　　　　　　　　　）
理由

【法曹志望についてアンケート～学習の目的，重視している順位(2)法科大学院合格】
（図12）（法曹養成制度改革顧問会議第9回資料より抜粋）

	回答数	占有率（全体）
1位	23	**12.8%**
2位	36	20.1%
3位	39	21.8%
4位	5	2.8%
回答なし	76	42.5%

＊ アンケートの当該質問は図11と同じ。

> **Point**
> □ まずは予備試験合格，次に上位・難関法科大学院既修者コースという選択が現在のスタンダード

2　モデルケース

　大学生の方と社会人の方では状況が異なるので，分けて説明しましょう。

(1)　大学生の場合

　例えば，大学1年生で学習を開始したとします。飛び級制度や早期卒業制度を考えなければ，大学2年次，大学3年次は予備試験一本で頑張りましょう。もちろん，ベストなのは大学2年次，大学3年次で合格することで，これはいうまでもありません。

　大学2年次，3年次に運悪く予備試験に不合格になってしまった場合はどうするか。この場合は，大学4年次に予備試験と法科大学院を併願します。

　大学卒業後も，予備試験一本でいくという選択肢もありますが，合格率の低さや法科大学院入学後も予備試験を受験できることを考えると，上位・難関法科大学院の既修者コースに進学し，確実に受験資格を取得した方が得策です。上記のように，上位・難関法科大学院既修者コースに入学できれば，司法試験の合格も見えてきます。

(2)　社会人の場合

　社会人の方の場合は，仕事を続けながら予備試験を受験すればよいでしょう。合格するまで予備試験にチャレンジするということでも構いません。

　ただ，なるべく早く司法試験に合格したいということであれば，合格率の低い予備試験にチャレンジし続けるより，法科大学院に進学してしまった方がよいという考え方もあります。

社会人の方の場合は，それぞれ置かれている状況が異なるので，一概にこうだということはできません。
　状況に応じた判断をして頂くのがよいでしょう。

> **Point**
> □ 大学生の方は，3年次まで予備試験一本（飛び級・3年卒業除く），4年次になったら予備試験と法科大学院の併願
> □ 社会人の方は，自身の置かれている環境次第で予備試験をどこまで継続するのか選択

Column　予備試験合格者の属性

　予備試験は，経済的な理由などで法科大学院に進学できない方のために設けられた制度です。しかし，誰でも受験することができ，予備試験に合格すれば，法科大学院を修了しなくても司法試験を受験することができるようになるため，司法試験合格を目指す学生達の間では，法科大学院へ行くよりもむしろ予備試験を受験する方が合格への近道とみなされる傾向があります。現に，合格者のうち，法科大学院生と大学生を合わせると282人と約8割にも上っています（図13参照）。
　このうち，特に問題視されているのは，合格者のうち，法科大学院在学中と法科大学院修了者が合計210人と，合格者のうち約6割を占めていることです（なお，このデータは出願時のものなので，大学生（大学在学中）が大学を卒業し，合格発表時点では「法科大学院在学中」になっている可能性があります）。
　予備試験の本来の目的とは異なり，予備試験と法科大学院の併願がスタンダードになっているという傾向がよく見てとれます。

【平成 26 年予備試験最終学歴別データ（出願時現在）】（図 13）
（法務省公表データより作成）

最終学歴別	出願者	受験者	短答合格者	論文合格者	最終合格者
大学卒業	4573	3584	646	38	34
大学在学中	**3253**	**2876**	**462**	**125**	**114**
大学中退	259	188	34	1	1
法科大学院修了	**1190**	**919**	**348**	**38**	**32**
法科大学院在学中	**2153**	**1891**	**412**	**180**	**168**
法科大学院中退	181	132	12	4	3
法科大学院以外の大学院修了	606	480	73	5	3
法科大学院以外の大学院在学中	52	33	4	1	1
法科大学院以外の大学院中退	75	54	12		
短期大学卒業	34	28	1		
短期大学中退	3	3			
高校卒業	140	86	5		
高校在学中	11	8	1		
高校中退	23	14	2		
その他	69	51	6		
合計	12622	10347	2018	392	356

Column　予備試験と既修者コースの試験形式・試験科目の重なり

　本文で述べたように，予備試験と上位・難関法科大学院既修者コースの併願がスタンダードになっていますが，その要因の1つとして，予備試験と上位・難関法科大学院既修者コースの試験科目（特に，論文式試験）に大幅な重なりがあることが挙げられます。
　以下は，予備試験と上位・難関法科大学院既修者コースの出題形式・試験科目を表にしたものです。予備試験対策を採っていれば，自然と上位・難関法科大学院既修者コースの受験対策にもなることがよく分かります。

【予備試験と上位・難関法科大学院既修者コースの試験形式・試験科目】(図14)
(法務省及び各法科大学院が公表した情報に基づいて作成 ※1)

	科目	予備試験	東京大学	一橋大学	慶應義塾大学	京都大学
短答式試験	憲法	○	×	×	○	×
	行政法	○	×	×	×	×
	民法	○	×	×	○	×
	商法	○	×	×	×	×
	民事訴訟法	○	×	×	×	×
	刑法	○	×	×	○	×
	刑事訴訟法	○	×	×	×	×
	一般教養科目	○	×	×	×	×
論文式試験	憲法	○	○	○	○	○
	行政法	○	○	×	×	○
	民法	○	○	○	○	○
	商法	○	○	×	○	○
	民事訴訟法	○	○	○	○	○
	刑法	○	○	○	○	○
	刑事訴訟法	○	○	○	○	○
	法律実務基礎科目民事	○	×	×	×	×
	法律実務基礎科目刑事	○	×	×	×	×
	一般教養科目	○	×	×	×	×
口述試験	法律実務基礎科目民事	○	×	×※2	×	×
	法律実務基礎科目刑事	○	×	×※2	×	×

※1 平成27年度のもの
※2 一橋大学法科大学院では、口述試験が実施されていますが、予備試験とは異なり、法律知識の理解を問うものではありません。

3 予備試験の各試験の出題形式・特徴

短答式試験

1 試験科目・配点・試験時間・問題数・合格点

(1) 試験科目

憲法，行政法，民法，商法，民事訴訟法，刑法，刑事訴訟法（以下，この7科目を合わせて「法律基本科目」といいます）と一般教養科目です。

(2) 配点

法律科目はそれぞれ30点，一般教養科目は60点，合計270点です。

(3) 試験時間

憲法，行政法が合わせて1時間，民法，商法，民事訴訟法が合わせて1時間30分，刑法，刑事訴訟法が合わせて1時間，一般教養科目が1時間30分となっています。

(4) 問題数

法律基本科目は，それぞれ10問から15問が出題されます（例年，憲法・行政法が12問，民法・商法・民事訴訟法が15問，刑法・刑事訴訟法が13問出題されています）。

なお，予備試験の法律科目の問題と司法試験の短答式試験の問題は，7～8割方が重なっています（ただし，司法試験の短答式試験は，平成27年度から商法・民事訴訟法・刑事訴訟法・行政法の4科目が出題範囲から外れ，憲法・民法・刑法の3科目だけになりましたので，これから商法・民事訴訟法・刑事訴訟法・行政法は予備試験の短答式試験のみで出題されることになります）。

(5) 合格点

　合格ラインは例年165点～170点程度です。つまり，約63％の正答率で合格できます。

> **Point**
> □ 試験科目は，法律7科目と一般教養科目の全8科目
> □ 約63％の正答率で合格

【予備試験短答式試験の科目など】（図15）（法務省公表データより作成）

科目	配点	試験時間	問題数
憲法	30点	1時間	各科目 10問から15問
行政法	30点		
民法	30点	1時間30分	
商法	30点		
民事訴訟法	30点		
刑法	30点	1時間	
刑事訴訟法	30点		
一般教養科目	60点	1時間30分	40問程度の問題から20問を選択

2　出題形式・特徴

(1)　法律基本科目

　複数の肢の中から問題文指定の選択肢を選び，マークシートに記入する形式の問題です。とはいえ，その中で，出題形式はいくつかに分類できるので，以下で見てみることにしましょう（なお，下線部は筆者が付したものです）。
　なお，まだ法律学習を始めていない方，始めて間もない方は，内容は度外視して頂いて結構です。

単純に記述の正誤を判定させる問題　　この問題は，単純に誤っている記述を選ぶだけの非常に単純な問題です。短答式試験は下記のように，知識を中心に問う出題形式であるため，このようなタイプの問題が多く出題されています。

[予備試験平成26年度民法第12問]
　不法行為に関する次の1から4までの各記述のうち，判例の趣旨に照らし誤っているものはどれか。

1．Aの前方不注意による自動車の運転によってBが重傷を負い，Bを治療したCの過失によってBが死亡した場合において，ACの各行為が共同不法行為となるときであっても，Bの死亡という結果の発生に対するA及びCの寄与の割合をそれぞれ確定することができるときは，Aは，Bの死亡による損害の全額を賠償する責任を負わない。
2．土地の工作物の設置又は保存に瑕疵があることによってAに損害が生じた場合において，その工作物の占有者であるBが損害の発生を防

止するのに必要な注意をしたときは，その工作物の所有者であるCが，Aに対し，その損害を賠償する責任を負う。
3．複数の加害者であるABの過失と被害者Cの過失が競合する1つの交通事故において，その交通事故の原因となった全ての過失の割合を認定することができ，A，B及びCの過失割合が順次5：3：2である場合には，ABは，Cに対し，連帯して，その損害の8割に相当する額を賠償する責任を負う。
4．Aの不法行為により未成年者Bが重傷を負った場合において，Bが事理弁識能力を有していなかったときであっても，その損害の発生についてBの親に監督上の過失が認められるときには，Aは，過失相殺による損害額の減額を主張することができる。

［正解は1］

このタイプの問題の亜種として「1．2問題」と俗称されている，次のようなタイプの問題も出題されています。

［予備試験平成26年度行政法第15問］
　行政裁量に関する次のアからエまでの各記述について，それぞれ正しい場合には1を，誤っている場合には2を選びなさい。

ア．処分を行う行政庁に裁量権が認められる場合でも，当該行政庁は，理由なく特定の個人を差別的に取り扱い不利益を及ぼす自由を有するものではなく，この意味において，行政庁の裁量権には一定の限界がある。
イ．処分を行う行政庁に裁量権が認められる場合には，処分が社会通念上著しく妥当性を欠き，裁量権の濫用に当たるものでない限り，処分の理由の提示に不備があったとしても，そのことを理由として処分が違法とされることはない。
ウ．規制を目的とする不利益処分について，処分の根拠法令が処分を行うか否かの点で行政庁に効果裁量を認めている場合には，処分を行わないという行政庁の不作為が違法となることはない。
エ．処分の根拠法令が，処分要件該当性の判断について行政庁に要件裁量

を認めている場合には，事実認定について行政庁に裁量が広く認められる。

[正解は1，2，2，2]

　この問題は，単純に各記述の正誤を判定するだけですが，全ての記述の正誤が判定できなければ，正解を導くことができません。ただし，この「1，2問題」では，部分点が与えられていることが多いので（例えば，4問中3問正解であれば，3点中2点が与えられる），厳密にいうと，全ての記述の正誤が判定できなければ，0点になるということではありません。

全ての記述の正誤が分からなければ正解が導けない問題

　この問題は，記述ア～ウの組み合わせを選択肢にしているのですが，あり得る組み合わせは全て選択肢になっています。そのため，記述ア～ウ全ての正誤を判定できなければ，正解を導くことはできません。
　その意味で，「1，2」問題と同じタイプの問題ということができます。

[予備試験平成26年度憲法第1問]
　人権の享有主体に関する次のアからウまでの各記述について，正しいものには○，誤っているものには×を付した場合の組合せを，後記1から8までの中から選びなさい。

ア．外国人の場合には，我が国との関係が日本国民とは異なるので，日本国民に比べて裁判を受ける権利の保障の程度に差を設けることも許される。
イ．法人は，現代社会におけるその役割の重要性からすると，全ての人権について，自然人と同程度の保障を受ける。
ウ．未成年者は，精神的・肉体的に未成熟なことから，成人とは異なった特別の保護を必要とする場合があり，このような趣旨から，憲法は児童

の酷使を禁止している。

1．ア○　イ○　ウ○　　2．ア○　イ○　ウ×　　3．ア○　イ×　ウ○
4．ア○　イ×　ウ×　　5．ア×　イ○　ウ○　　6．ア×　イ○　ウ×
7．ア×　イ×　ウ○　　8．ア×　イ×　ウ×

[正解は7]

全ての記述の正誤が分からなくても正解を導ける問題

民法・商法・民事訴訟法では，全ての記述の正誤が分からなくても，答えが導き出せる問題があります。

[予備試験平成26年度商法第17問]
　株式に関する次のアからオまでの各記述のうち，判例の趣旨に照らし正しいものを組み合わせたものは，後記1から5までのうちどれか。

ア．他人の承諾を得てその名義を用いて募集株式の引受けがされた場合には，特段の事情がない限り，その名義の使用を承諾した者が株主となる。
イ．株券発行会社が株券として会社法所定の要件を満たす文書を作成した場合には，その文書は，株主に交付される前であっても，株券としての効力を有する。
ウ．会社の承認を得ないで譲渡制限株式を譲渡担保に供した場合には，その譲渡担保権の設定は，契約当事者間においては有効である。
エ．会社と従業員との間で，従業員の退職に際してはその有する当該会社の譲渡制限株式を会社の指定する者に譲渡する旨の合意をした場合には，その合意は，無効である。
オ．新株発行の無効の訴えにおいて，会社法所定の出訴期間の経過後に新たな無効事由を追加して主張することは，許されない。

1．アイ　2．アウ　3．イエ　4．ウオ　5．エオ

3　予備試験の各試験の出題形式・特徴　｜　53

[正解は4]

　この問題の記述はアが×，イが×，ウが○，エが×，オが○になります。
　実は，この問題を最小限度の労力で解こうと思うと，記述ア・イ・ウ（又はエ）の正誤が分かれば足ります。まず，記述アが×だと判断できれば，選択肢1・2が消去できます。この問題は，「正しいものを組み合わせたもの」を選ぶことを求めていますので，誤っている記述が含まれている選択肢は正解になり得ないからです。同様に，記述イが×だと判断できれば，選択肢3も消去できます。
　ここで，選択肢4と5が残るのですが，4と5に両方とも記述オが含まれていることに着目してください。仮に，記述オが×だとすると，正解がなくなってしまいます。そのため，記述オは○で確定です。
　後は，記述ウと記述エの正誤をどちらかでも判断できれば，正解を導き出すことができるのです。
　もちろん，記述ウ・オが○だと判断して，直接正解を導くこともできます。その場合，記述ウ・オの正誤だけ判断できれば足ります。
　他にも，記述ア・エが×だと判断して，消去法で選択肢4を選ぶことも可能です。
　いずれにせよ，全ての記述の正誤が判断できなくても，正解を導き出すことができるのです。
　とはいえ，やはり最低限の記述の正誤の判定はできなければなりませんので，正確な知識は前提となります。

穴埋め問題　　刑法や刑事訴訟法では，文章の空欄を埋めさせる問題も出題されています。このタイプ問題では全ての空欄を埋めなくとも選択肢から逆算することで正解を導くことができます。

[予備試験平成23年刑事訴訟法第26問]
　次の【記述】は，控訴審の権限に関して判断を示した最高裁判所決定の要旨である。①から⑦までの（　）内に後記 a から i までの【語句群】から適切な語句を入れた場合，組合せとして正しいものは後記1から5までのうちどれか。なお，①から⑦までの（　）内にはそれぞれ異なる語句が入る。

【記　述】
　第一審判決がその理由中において無罪の判断を示した点は，牽連犯ないし包括一罪として起訴された事実の一部なのであるから，右第一審判決に対する控訴提起の効力は，それが被告人からだけの控訴であつても，公訴事実の全部に及び，右の無罪部分を含めたそのすべてが控訴審に移審係属すると解すべきである。そうとすれば，控訴裁判所は右起訴事実の全部の範囲にわたつて（①）を加えることが可能であるとみられないでもない。しかしながら，控訴審が第一審判決について（①）をするにあたり，いかなる限度においてその職権を行使すべきかについては，さらに慎重な検討を要するところである。いうまでもなく，現行刑訴法においては，いわゆる（②）主義が基本原則とされ，（③）主義はその補充的，後見的なものとされているのである。（②）主義の現われとして，現行法は（④）制度をとり，検察官が公訴を提起するには，（⑤）を記載した起訴状を裁判所に提出しなければならず，（⑤）は（④）を明示してこれを記載しなければならないこととし，この（④）につき，当事者の攻撃防御をなさしめるものとしている。（中略）このように，審判の対象設定を原則として（②）の手に委ね，被告人に対する不意打を防止し，（②）の公正な訴訟活動を期待した第一審の訴訟構造の上に立つて，刑事訴訟法はさらに控訴審の性格を原則として（⑥）審たるべきものとしている。すなわち，控訴審は，第一審と同じ立場で事件そのものを審理するのではなく，前記のような（②）の訴訟活動を基礎として形成された第一審判決を対象とし，これに（⑥）的な審査を加えるべきものなのである。そして，その（⑥）審査も当事者の申し立てた控訴趣意を中心としてこれをなすのが建前であつて，（①）はあくまで補充的なものとして理解されなければならない。けだし，前記の第一審における（②）主義と（③）主義との関係は，控訴審においても同様に考えられるべきだからである。
　これを本件についてみるに，本件公訴事実中第一審判決において有罪と

された部分と無罪とされた部分とは牽連犯ないし包括一罪を構成するものであるにしても，その各部分は，それぞれ1個の犯罪構成要件を充足し得るものであり，（④）としても独立し得たものなのである。そして，右のうち無罪とされた部分については，被告人から不服を申し立てる利益がなく，検察官からの控訴申立てもないのであるから，当事者間においては攻防の対象からはずされたものとみることができる。このような部分について，それが理論上は控訴審に移審係属しているからといって，（⑥）審たる控訴審が（①）を加え有罪の自判をすることは，被告人控訴だけの場合，刑事訴訟法第402条により第一審判決の刑より重い刑を言い渡されないことが被告人に保障されているとはいっても，被告人に対し不意打を与えることであるから，前記のような現行刑事訴訟の基本構造，ことに現行控訴審の性格にかんがみるときは，（⑦）として許される限度をこえたものであって，違法なものといわなければならない。

【語句群】
　a．職権調査　b．当事者の申立てに基づく調査　c．当事者　d．職権
　e．訴因　f．公訴事実　g．事実　h．事後　i．職権の発動

1．①b④e　2．①a⑦i　3．②d⑤f　4．②c⑥g　5．③c⑥h

［正解は2］

論理問題　刑法では，各学説からどのような結論になるのかという論理操作を求める問題もあります。

［予備試験平成26年度刑法第11問］
　次の【事例】及び各【見解】に関する後記1から5までの各【記述】のうち，誤っているものはどれか。

【事　例】
　甲は，乙から裁判の証人として請求されてX裁判所から呼出しを受けたところ，証人尋問期日の3日前にその不出頭を懸念した乙から「俺が

裁判所まで連れて行くから，証人尋問の日までここにいろ。」と言われ，見張りを付けられてマンションの一室に監禁された。甲は，自己の生命身体に対する危険は感じなかったものの，証人として出廷したくないと思い，同室に放火して騒ぎを起こし，見張りの者が消火に当たっている隙に逃亡しようと考え，同室の壁等に灯油をまいて放火し，同室の一部及びその上階の第三者が住む部屋の一部を焼損させた。

【見　解】
A 説：当該避難行為が「やむを得ずにした行為」でなければ緊急避難は認められないが，当該行為が危難を避けるための一つの方法と認められれば，法益権衡の要件を欠いても過剰避難が成立する。
B 説：当該避難行為が「やむを得ずにした行為」でなければ緊急避難は認められないが，「やむを得ずにした行為」でなくとも法益権衡の要件を充たしていれば過剰避難が成立し，また，「やむを得ずにした行為」であって，法益権衡の要件を欠く場合にも過剰避難が成立する。
C 説：当該避難行為が「やむを得ずにした行為」でなければ緊急避難，過剰避難とも認められず，過剰避難は，「やむを得ずにした行為」であって，かつ，法益権衡の要件を欠く場合に成立する。

【記　述】
1．【事例】に，更に「事件当時，部屋の窓から逃走するなどして脱出することは可能であった」との事情がある場合，A説からは甲に過剰避難が成立することになる。
2．【事例】に，更に「事件当時，甲が部屋から脱出する手段はほかになかった」との事情がある場合，B説からは甲に過剰避難が成立することになる。
3．【事例】に，更に「事件当時，部屋の窓から逃走するなどして脱出することは可能であった」との事情がある場合，C説からは甲に過剰避難が成立することになる。
4．【事例】に，更に「事件当時，部屋の窓から逃走するなどして脱出することは可能であった」との事情がある場合，B説からは甲には緊急避難の成立も過剰避難の成立も認められない。
5．【事例】に，更に「事件当時，甲が部屋から脱出する手段はほかになかった」との事情がある場合，C説からは甲に過剰避難が成立すること

> になる。
>
> [正解は 3]

　憲法で出題されている形式として，記述 b が記述 a の批判や理由になっているかを問う問題もあります。これも論理問題の一種です。

> [予備試験平成 26 年度憲法第 4 問]
> 　憲法第 21 条第 2 項前段の「検閲」に関する次のアからウまでの各記述について，b の見解が a の見解の批判となっている場合には 1 を，そうでない場合には 2 を選びなさい。
>
> ア．a．名誉毀損のおそれのある記事を掲載した書籍の販売等を，裁判所の仮処分により事前差止めするのは，「検閲」に該当しない。
> 　　b．「検閲」の解釈に当たっては，過去に検閲が行政権により濫用されたという歴史的経緯を踏まえる必要がある。
> イ．a．外国で出版済みの書籍について，輸入禁制品である「公安又は風俗を害すべき書籍」に該当するか否かを税関が検査するのは，「検閲」に該当しない。
> 　　b．「検閲」は，表現の自由に対する制約という側面と，この自由と一体をなす知る権利に対する制約という側面がある。
> ウ．a．受刑者の逃走防止等を目的として，その発信しようとする信書の内容を刑務所長が事前に検査するのは，「検閲」に該当しない。
> 　　b．「検閲」の禁止は，国民に対する関係では，絶対的に禁止されるが，特殊の法律関係にある者については，異なる取扱いが認められる。
>
> [正解は 2, 1, 2]

> **Point**
> □ 短答式試験の出題形式は，単純正誤問題以外にも様々なものがあるが，正確な知識が備わっていることが前提となる
> □ 全ての記述の正誤が分からなくても答えが導き出せる問題や，論理操作で解答できる問題もある

(2) 一般教養科目

　一般教養科目は，人文科学，社会科学，自然科学，英語からの出題です。
　それぞれの分野における正確な知識が要求される問題もありますが，事前知識が必要ない問題も出題されています。一般教養科目は，法律科目と異なり，40問程度の中から20問を選んで解答すればよいので，事前知識不要の問題をうまく選んでいけば，事前準備をしなくても，ある程度の点数を取ることができます。

人文科学　　まず，以下の問題は，事前知識が必要な問題です。日本史の問題ですが，読んで頂ければ，非常に難易度が高いことが分かるかと思います（高校時代に日本史を選択していない方には，何が難しいのかさえ分からないかもしれません）。

［予備試験平成26年度一般教養科目第1問］
　我が国の歴史上，これまで多くの災害が発生してきたが，中でも大規模な地震によって多くの人命や財産が失われてきた。次のアからエまでの各記述は，いずれも歴史上の大規模な地震についての事例である。これらの記述を年代順に配列したものとして正しいものを，後記1から5までの中から選びなさい。

ア．和泉・摂津・山城地域に被害をもたらした地震では，伏見城の天守閣

や二の丸が崩壊し，侍女数百人が死亡したとされ，イエズス会宣教師によって堺でも死者が出たことが報告されている。発掘調査に際しても，京都府・大阪府・兵庫県の広範囲の遺跡で，地層を突き破る砂脈が発見され，地震による液状化現象が確認されている。

イ．駿河―南海トラフ沿いに起きた地震では，三重県伊勢地域から静岡県伊豆地域にかけて大波が押し寄せ，海辺の民家の全てが波にさらわれ，人命に大きな被害が出たことが近衛政家の『後法興院記』に記されている。また，浜名湖では津波によって浜名川の流路が変わり，遠州灘とをつなぐ「今切口」が開いたとされる。

ウ．巨大地震とそれに伴う津波が陸奥国で発生し，多賀城の城郭・倉庫・門などが倒壊し，城下に押し寄せた津波によって多数の死者と建物・道路などが大きな被害を受けたことが『日本三代実録』に記されている。多賀城の発掘では，被害後間もなく政庁やその周囲の塀・門などが復興されたことが明らかになっている。

エ．駿河湾―遠州灘―熊野灘の海底を震源域とする巨大地震が発生し，その翌日にも紀伊水道―四国沖の海底を震源域とする同規模の巨大地震が連続して発生した。前者の地震による津波で，下田に寄港していたロシアのディアナ号が津波により大破し，修理のため伊豆半島の下田に向かう途中で荒天により沈没する事件も起こった。

1．イアウエ
2．イウエア
3．ウアイエ
4．ウイアエ
5．ウイエア

［正解は4］

次は，事前知識が不要な問題の例です。国語の問題ですので，冷静に考えれば，正解が2であることは分かると思います。

[予備試験平成 26 年度一般教養科目第 5 問]
　以下の文章の空欄（ア）から（エ）までに当てはまる語句の組合せとして正しいものを，後記 1 から 5 までの中から選びなさい。

　日本語を教えていると，よく知っていたはずの母語について思わぬ発見をすることがある。例えば，助詞の「は」と「が」の使い分けである。「あれが，スカイツリーですよ。」と「あれは，スカイツリーですよ。」は，どう違うのか。ある人がスカイツリーを知らない人に教えているという点では，二文は一致している。しかしながら，「スカイツリーは，どれですか。」という質問に対して，「あれが，スカイツリーですよ。」は自然だが，「あれは，スカイツリーですよ。」という答えには，多少の違和感を覚える。ただ，この場合，「スカイツリーは，あれですよ。」と答えることはできる。なぜだろうか。日本語学習者用の辞書を見てみると，「は」と「が」の使い分けに関して，興味深い説明が載っている。どうやら，両者の使い分けには，話し手と聞き手の双方にとっての情報の新旧が関係しているようだ。すなわち，「スカイツリーは，どれですか。」という質問に対して，「あれが，スカイツリーですよ。」と答えることができるのは，「スカイツリー」が（ア）だからである。「スカイツリーは，あれですよ。」と答えることができるのも，同じ理由による。一方，「あれは，スカイツリーですよ。」という答えを導く質問は，「あれは，何ですか。」である。この場合は，「あれ」は（イ）であり，「スカイツリー」は（ウ）である。この規則に従えば，「どれが，スカイツリーですか。」という文において，「どれは」と表現しない理由が説明できる。「どれ」「誰」「いつ」などの疑問詞に接続するのは，常に「が」であって，「は」ではない。なぜなら，「が」は（エ）を意味しているからである。こう考えていくと，昔話の冒頭文が，「あるところに，おじいさんとおばあさんがいました。」となっている理由も納得できる。

1．ア 新情報　イ 旧情報　ウ 新情報　エ 旧情報
2．ア 旧情報　イ 旧情報　ウ 新情報　エ 新情報
3．ア 新情報　イ 新情報　ウ 旧情報　エ 旧情報
4．ア 旧情報　イ 新情報　ウ 旧情報　エ 新情報
5．ア 旧情報　イ 新情報　ウ 新情報　エ 旧情報

［正解は 2］

次は，民俗学に関する問題です。方言周圏論というややマイナーな知識に関する出題なのですが，実は，以下の下線部の意味が理解できれば，近畿地方から遠い場所を順に指摘すればよいことが分かると思います。

その意味で，この問題も事前知識が不要な問題です。

[予備試験平成26年度一般教養科目第6問]
民俗学者の柳田国男は，方言研究の上でも大きな足跡を残している。柳田はカタツムリを意味する言葉に幾つかのバリエーションがあることを知り，それらの言葉が日本全土でどのように分布しているかを詳細に調査した。その結果，近畿地方では「デデムシ」，中部地方や四国の一部では「マイマイ」，関東地方や四国の一部では「カタツムリ」，南東北と九州の一部では「ツブリ」，北東北と九州西部では「ナメクジ」と呼ばれていることを突き止めた。これらの言葉を日本地図の上に配置すると，近畿地方を中心に，同じ呼び方が同心円状に広がっていることが分かる。柳田は，これを「方言周圏論」と名付け，1930年に『蝸牛考』という本にまとめて出版した。ちなみに，「蝸牛」とは，カタツムリのことである。柳田によれば，新しい言葉は文化の中心で発生し，その後，古い言葉を次々と周縁へ押し出していく。まるで，水面に小石を投げたように，新旧の言葉の輪が広がっているわけだ。民俗学者として，柳田が諸国の民間伝承の研究を重んじた理由もここにある。

柳田の説に立脚すると，カタツムリを意味する言葉は，京都ではどのように変化したと推測されるか，古い順に並べたものとして正しいものを，次の1から5までの中から選びなさい。

1．ナメクジ → ツブリ → マイマイ → デデムシ → カタツムリ
2．デデムシ → マイマイ → カタツムリ → ツブリ → ナメクジ
3．マイマイ → カタツムリ → ツブリ → ナメクジ → デデムシ
4．ナメクジ → ツブリ → カタツムリ → マイマイ → デデムシ
5．カタツムリ → デデムシ → ナメクジ → マイマイ → ツブリ

［正解は4］

また，人文科学では，論理問題も出題されます。これも下線部を前提に

考えれば，5が正解だと分かるかと思います。

[予備試験平成 26 年度一般教養科目第 11 問]
　ある年の就職状況を調査したデータをまとめたところ，「就職活動をした全ての学生が，応募した企業のいずれかに採用されていた。」という結果が得られたとする。この結果によって論理的に否定されているものとして最も適切なものを，次の1から5までの中から選びなさい。

1．太郎は全ての就職希望先から採用を断られた。
2．就職活動で応募してきた学生を誰も採用しなかった企業がある。
3．企業に採用されなかった学生がいる。
4．応募した全ての企業に採用された学生がいる。
5．大学4年生の次郎は就職活動で応募した先の全ての企業から採用を断られた。

[正解は5]

社会科学

社会科学でも，事前知識が必要な問題は，非常に難易度が高いものになります。以下の問題が典型であり，スポーツに関するマニアックな知識が要求されています。

[予備試験平成 26 年度一般教養科目第 13 問]
　スポーツに関する記述として最も適切なものを，次の1から5までの中から選びなさい。

1．「スポーツ」という言葉は，元々，「気晴らし（disport）」に由来している。スポーツを，有閑階級の文化と規定したのは，『有閑階級の理論』の著者 Th.B. ヴェブレンである。彼は，スポーツが，すぐれて生産的な活動であることを社会学的に賛美した。
2．一定のルールの下で，暴力の行使を抑制しつつ競技することに，スポーツの特徴はある。N.エリアスは，スポーツを，「文明化（civilization）

の過程」の産物と捉える。その一つの原型を，彼は，18〜19世紀にイギリスで流行した狐狩りに求めている。
3．1863年，イギリスで，フットボール協会（Football Association）が設立された。その協会の下で，スポーツとして確立していったものが，現在のサッカーである。「サッカー」という競技の名称は，その協会の初回会合が開かれた，パブの店名に由来する。
4．国際オリンピックは，1896年の第1回アテネ大会以来，スポーツの理想を高く掲げた祭典であり，運動である。例えば，IOC（国際オリンピック委員会）第7代会長のJ.A.サマランチは，オリンピックにおけるアマチュアリズムの維持に心血を注いだ。
5．日本では，古来，武器を使わない武術としての「柔術」が行われてきた。「柔道」は，創始者嘉納治五郎が，これに技術的工夫や思想的創意を加えて体系化した武道である。嘉納は，武道のスポーツ化を忌避する立場から，IOC委員就任の要請を固辞した。

［正解は2］

　一方，やはり事前知識が不要な問題も出題されています。次の問題は，経済学から「コースの定理」という専門的な概念に関する理解が問われていますが，その内容については，問題文に説明があるので，「コースの定理」について，事前に勉強していなくても，解答できるはずです。
　試しに考えてみますと，要するに，X－Yが最大になることを効率的といっているわけです。そうすると，甲が乙に補償をしなければならないのであれば，甲にとってみれば，損害Yは自分の損害と同義ですから，甲はX－Yが最大となるように活動するはずです。したがって，効率的な活動を選ぶはずですので，1は正しい記述です。
　一方，記述4を見てください。「甲と乙との間の交渉の費用が小さく，XやYについての情報が双方に明らかであると，交渉は妥結せず」とありますが，常識的に考えても，交渉費用が少なく情報格差がない場合には，交渉は成立しやすいはずです。「コースの定理」においても，この2つの前提が満たされると効率性が保たれると考えられていますので，この記述

が誤りです。

[予備試験平成26年度一般教養科目第18問]
　権利概念と最適な経済活動の両立は、公害を想起すれば分かるように、必ずしも容易なことではない。
　経済主体として甲と乙がいて、甲の経済活動が乙の生活の質を間接的に悪化させているとする。また、その経済活動の水準が高いほど、甲はより大きな便益を受け、乙はより大きな損害を被るとする。
　経済学の余剰分析では、甲の経済活動の水準について、その経済活動がもたらす社会的純便益が最大となるときの水準を効率的と定義する。すなわち、甲の経済活動によって甲が享受する便益Xと、乙が被る損害Yとを通算し、社会的純便益X－Yが最大となる経済活動水準が効率的となる。
　ただし、その効率的水準を実現したところで、乙の権利が依然侵害されたままのこともあれば、甲の経済活動の自由が制限されていることもあり得る。
　これらの権利と経済活動の効率的水準との関係を、主に経済学的観点から論じたのが「コースの定理」である。これに関する記述として誤っているものを、次の1から5までの中から選びなさい。

1．経済活動水準を自由に決定する権利が全面的に甲にあったとしても、甲と乙との間で補償について交渉がなされれば、交渉の結果として効率的な経済活動水準が実現する。
2．補償を受ける主体が複数いて、交渉結果に「ただ乗り」することが可能な場合には、適切な補償をすることができず、経済活動の水準は効率的にならない。
3．甲と乙との間で補償について交渉がなされる前提として、甲の経済活動を制限する権利が乙にあれば、交渉後の経済活動水準は効率的となる。
4．甲と乙との間の交渉の費用が小さく、XやYについての情報が双方に明らかであると、交渉は妥結せず、経済活動の水準は効率的にならない。
5．経済活動を制限する権利が認められた場合に資産効果が発生するのであれば、交渉後の経済活動水準はその権利が認められるかどうかによ

> って異なる。
>
> ［正解は4］

自然科学　自然科学の分野では，数学，物理，化学，生物といった分野から出題されています。
したがって，理系の方であれば，ある程度対応できると思います。

例えば，以下のような物理学の問題が出題されており，高校生の頃に物理を学習していた方であれば（覚えていれば，ですが）解答できるかもしれません。

［予備試験平成26年度一般教養科目第19問］
　一定の速さu（≠0）で一様に流れる川の中のある地点Aから出発して，流れの影響を受けながら，流れに対して角度θ（0°＜θ＜90°）をなす方向に等速直線運動を続けて，地点Aより川下にある別の地点Bまで泳いだ。流れがない場合の泳ぐ速さvは一定とすると，AからBまで泳ぐために要する有限な時間が2つ存在する条件は，$x < \dfrac{v}{u} < y$という不等式で表せる。
　（x, y）の組合せとして正しいものを，次の1から5までの中から選びなさい。

1．（0, tan θ）
2．（sin θ, tan θ）
3．（sin θ, 1）
4．（cos θ, 1）
5．（cos θ, cot θ）

［正解は3］

また，問題によっては，事前知識がなくても解けるものがあるのは，自

然科学も同様です。以下の問題は，生物学からの出題ですが，生物の知識が不要であることが分かると思います。

> [予備試験平成26年度一般教養科目第23問]
> 　被子植物の花は，基本的に，がく片，花弁，おしべ及びめしべが，順に，外側から内側に同心円状に配置されている。花を構成するこれらの器官の形成には，A，B及びCのホメオティック遺伝子が関わる。Aが単独で発現すると，がく片が形成され，AとBの両方が発現すると花弁が形成される。また，BとCの両方が発現するとおしべが形成され，Cが単独で発現するとめしべが形成される。なお，AとCは互いに発現を抑制しており，片方の発現が無くなると，その発現領域までもう片方の発現領域が広がる。以上を前提としたとき，Cの機能が欠損した花を構成する器官の組合せとして最も適切なものを，次の1から5までの中から選びなさい。
>
> 1．めしべ，おしべ
> 2．めしべ，花弁
> 3．おしべ，花弁
> 4．がく片，めしべ
> 5．がく片，花弁
>
> ［正解は5］

英語

　英語の問題は，著作権の関係で引用できませんが，平成26年の問題では，例年に比べて易化したといわれており，TOEIC等の勉強をしている方であれば，選択するとよいでしょう。

> **Point**
> ☐ 知識がなくても解答できる問題がある
> ☐ 知識がなければ解答できない問題のレベルは高い
> ☐ 英語は，ひと通り勉強していた方にはオススメ

3 傾向と対策

(1) 法律基本科目について

　短答式試験においては，記述の正誤を問い，正確な法律知識を備えているのかを試す問題が多く出題されています。特に，短答式試験でしか問われない独自の細かい知識（これを司法試験受験界では，「短答プロパー知識」と呼んでいます）を問う問題が出題されています。
　そのため，論文式試験と共通する基本的な知識の他，短答プロパー知識についてもしっかりとマスターしていく必要があります。
　一方で，短答式試験では，論文式試験ほどの高度な思考力は要求されず，また，解答の形式もマークシート式なので，知識のインプットさえしっかりとなされていれば，一定程度の得点を取ることはできます。
　ただし，上記のように少なからず論理操作を求める問題が出題されています。
　また，人間の記憶力には限界がありますので，どうしても記述の正誤が分からない場合に，頭を使って判断しなければならないという場面にも遭遇します。
　そのため，知識を中心として問う出題傾向だからといって，知識だけで押し切ろうとするのではなく，インプットしなければならない知識の範囲

をある程度絞り込んだ上で，後は論理的思考力を養成することで得点を伸ばしていくという方法がベストです。

> **Point**
> □ 短答プロパー知識を含む正確な知識を得ることが重要
> □ 知識のインプットには限界があるので，論理的思考力も必要

Column　論文式試験と短答式試験で問われる知識の範囲

上記のように，短答式試験は知識の正確性を中心に問う試験です。

これに対して，後述のように，論文式試験では知識の多寡を問うよりも，基本的な知識からの応用力を問うという傾向にあります。

論文式試験で問われる知識と短答式試験で問われる知識の範囲では，後者が前者を包含する関係にあります。

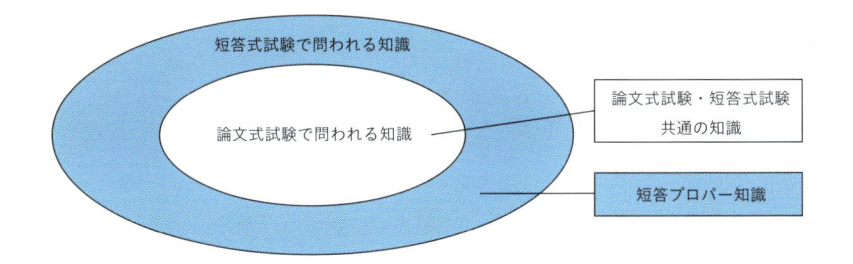

[図：短答式試験で問われる知識（外側の円）／論文式試験で問われる知識（内側の円）／論文式試験・短答式試験共通の知識／短答プロパー知識]

(2)　一般教養科目について

一般教養科目は，人文科学，社会科学，自然科学及び英語が出題範囲となっています。どの範囲の問題も難易度が高く，付け焼刃的な対策では歯が立ちません。例えば，自然科学の中には，物理が含まれていますが，理系出身で高校生の頃に物理を選択していた方であれば，何とか対応できる

といったレベルの問題が出題されます。その上，範囲が広く，司法試験では出題されない分野です。

そのため，多くの受験生がほとんど何も対策をせずに試験に臨みます。

そこで，ほとんど事前の対策をせずに，一般教養科目の平均点である24点〜30点程度（60点満点）を目指すというのが，多くの受験生にとっての現実的な目標になります。ちなみに，合格点が170点の場合，24点〜30点を一般教養科目で稼げるとすると，残り140点〜146点（約7割）を法律基本科目で得点すればよいということになります。これはそこまで難しい話ではありません。

では，その24点〜30点を稼ぎだすためにどうすればよいのか，ということになります。

まず，マークシートで解答する形式なので，適当にマークをするだけでも，20問中3，4問は正解になります。1問3点なので，これだけで9点〜12点になります。

残り12点〜21点（3問〜7問）ですが，上記のように，実は事前知識が無くても，時間さえかければ解ける問題が数問出題されています。それらの問題は，多少処理に時間がかかってもよいので，確実に正解できるようにしましょう。過去問だけで構いませんので，それらの問題を解いて，訓練を積んでおいてください。

他にも，英語がある程度できるということであれば，英語の問題を選択して点数を稼ぐことも可能です。もちろん，日本史や物理など，その他の科目ができるのであれば，そこから点数をもぎ取るという戦略でも構いません。

ちなみに，予備試験の短答式試験には，いわゆる「足切り」がありません。そのため，仮に10点前後しか取れなかったとしても，法律科目で＋10点，15点稼げば合格点に達することが可能です。一般教養科目は「点数が取れればラッキー」くらいに気楽に考え，その分法律基本科目で8割，9割の得点を目指していきましょう。短答式試験対策で身につけた細かい

知識が論文式試験で役立つこともありますので，論文式試験対策にならない一般教養科目の対策を講じるよりも，その方がよほど合理的です。

> **Point**
> ☐ 事前知識が無くても，時間さえかければ解ける問題を確実に正解する
> ☐ 残りの問題は適当にマークする
> ☐ 他の科目で正解できそうなものを解く

4　難易度

　短答式試験は，例年約20％前後の合格率となっています。20％前後と聞くと難しいように感じるかもしれませんが，受験者の中には，記念受験的な人が相当数含まれています。予備試験を受験し，不合格になったとしても，何のペナルティも無いにもかかわらず，毎年2000人以上の人が「受け控え」をしています（図16）。その理由はよく分かりませんが，とりあえず出願してみたものの，箸にも棒にもかからないから受けに行くのが面倒になったなどの理由なのでしょう。

　そうなると，出願して受験料も払ったのだから，受けるだけ受けてみようと考える記念受験的な人が相当数含まれていても不思議ではありません。

　上記のように，多くの人は，上位・難関法科大学院の既修者コースを併願しています。現在上位・難関法科大学院の既修者コースに入学すること自体はそこまで難しくなく，これを卒業すれば，高い確率で司法試験に合格することができることから，予備試験に本気で合格しようと考えている層は，実はそこまで多くないのが現状です。要するに，「予備試験がダメでもローに行けばいいや」と考えているのです。

そのため，短答式試験は数字ほどの難関試験ではありません。やや誤解を招くいい方かもしれませんが，真面目に・普通に勉強していれば，合格できるレベルだといってよいでしょう。

> **Point**
> □ 短答式試験の合格率は，20％程度
> □ 短答式試験は真面目に勉強していれば合格できるレベル

【予備試験短答式試験合格率等】（図16）（法務省公表データより作成）

年（平成）	受験者数	合格者数	合格率
23	6477	1339	20.7%
24	7183	1711	23.8%
25	9224	2017	21.9%
26	10347	2018	19.5%
27	10334	2294	22.2%

論文式試験

1 試験科目・配点・試験時間・問題数・合格点

(1) 試験科目

　論文式試験の試験科目は，法律基本科目のほか，一般教養科目，民事実務基礎科目，刑事実務基礎科目の合計10科目です。

(2) 配点

　配点は，全ての科目が50点満点の合計500点です。

(3) 試験時間

　憲法，行政法が合わせて2時間20分，民法，商法，民事訴訟法が合わせて3時間30分，刑法，刑事訴訟法が合わせて2時間20分，一般教養科目が1時間，法律実務基礎科目民事，法律実務基礎科目刑事が合わせて3時間となっています。

(4) 問題数

　各科目1問ずつ出題されます。

⑸ 合格点

合格点は，例年概ね210点程度です。正答率42％で合格するため，ずいぶんと低いなと感じるかもしれませんが，出題形式が1500字程度の論述というものである上，短答式試験のような明確な正解があるわけではなく，採点基準も公開されていませんので，何をどの程度書けば合格点に達するのかが分かりません。

短答式試験と異なり，公表されている合格点は，当てにならないと考えた方がよいでしょう。

> **Point**
> □ 論文式試験の試験科目は全部で10科目
> □ 合格に必要な正答率は42％だが，当てにならない

【予備試験論文式試験の科目など】（図17）
（法務省が公表した情報に基づいて作成）

科目	配点	試験時間	問題数
憲法	50点	2時間20分	各1問
行政法	50点		
民法	50点	3時間30分	
商法	50点		
民事訴訟法	50点		
刑法	50点	2時間20分	
刑事訴訟法	50点		
法律実務基礎科目民事	50点	3時間	
法律実務基礎科目刑事	50点		
一般教養科目	50点	1時間	

2　出題形式・特徴

　論文式試験という出題形式には，なかなか馴染みがないと思いますが，長文の問題文を読んだ上で，1500字程度の論述により，解答するものです。
　これについては，百聞は一見に如かずということで，実際に予備試験で出題された問題を見てみましょう。もちろん，内容は全く分からないと思いますが，イメージだけでもつかんでもらえれば結構です。

［予備試験平成23年度民法］
　Aは，平成20年3月5日，自己の所有する甲土地について税金の滞納による差押えを免れるため，息子Bの承諾を得て，AからBへの甲土地の売買契約を仮装し，売買を原因とするB名義の所有権移転登記をした。次いで，Bは，Aに無断で，甲土地の上に乙建物を建築し，同年11月7日，乙建物についてB名義の保存登記をし，同日から乙建物に居住するようになった。
　Bは，自己の経営する会社の業績が悪化したため，その資金を調達するために，平成21年5月23日，乙建物を700万円でCに売却し，C名義の所有権移転登記をするとともに，同日，Cとの間で，甲土地について建物の所有を目的とする賃貸借契約（賃料月額12万円）を締結し，乙建物をCに引き渡した。この賃貸借契約の締結に際して，Cは，甲土地についてのAB間の売買が仮装によるものであることを知っていた。
　その後，さらに資金を必要としたBは，同年10月9日，甲土地をDに代金1000万円で売却し，D名義の所有権移転登記をした。この売買契約の締結に際して，Dは，甲土地についてのAB間の売買が仮装によるものであることを知らず，それを知らないことについて過失もなかった。
　同年12月16日，Aが急死し，その唯一の相続人であるBがAの一切の権利義務を相続した。この場合において，Dは，Cに対し，甲土地の所有権に基づいて，甲土地の明渡しを求めることができるかを論ぜよ。

この問題が標準的な問題文の長さです。
もっと長い問題文が出題されていることもあります。

[予備試験平成26年度商法]
　次の文章を読んで，後記の〔設問1〕及び〔設問2〕に答えなさい。

1．X株式会社（以下「X社」という。）は，携帯電話機の製造及び販売を行う取締役会設置会社であり，普通株式のみを発行している。X社の発行可能株式総数は100万株であり，発行済株式の総数は30万株である。また，X社は，会社法上の公開会社であるが，金融商品取引所にその発行する株式を上場していない。X社の取締役は，A，B，Cほか2名の計5名であり，その代表取締役は，Aのみである。

2．Y株式会社（以下「Y社」という。）は，携帯電話機用のバッテリーの製造及び販売を行う取締役会設置会社であり，その製造するバッテリーをX社に納入している。Y社は，古くからX社と取引関係があり，また，X社株式5万1千株（発行済株式の総数の17%）を有している。Bは，Y社の創業者で，その発行済株式の総数の90%を有しているが，平成20年以降，代表権のない取締役となっている。また，Bは，X社株式5万1千株（発行済株式の総数の17%）を有している。

3．Z株式会社（以下「Z社」という。）は，携帯電話機用のバッテリーの製造及び販売を行う取締役会設置会社であり，Cがその代表取締役である。
　Z社は，Y社と同様に，その製造するバッテリーをX社に納入しているが，Y社と比較するとX社と取引を始めた時期は遅く，最近になってその取引量を伸ばしてきている。なお，Z社は，X社株式を有していない。

4．X社は，平成25年末頃から，経営状態が悪化し，急きょ10億円の資金が必要となった。そこで，Aは，その資金を調達する方法についてBに相談した。Bは，市場実勢よりもやや高い金利によることとなるが，5億円であればY社がX社に貸し付けることができると述べた。

5．そこで，平成26年1月下旬，X社の取締役会が開催され，取締役5名が出席した。Y社からの借入れの決定については，X社とY社との関係が強化されることを警戒して，Cのみが反対したが，他の4名の

取締役の賛成により決議が成立した。この取締役会の決定に基づき，X社は，Y社から5億円を借り入れた。
6．Y社のX社に対する貸付金の原資は，Bが自己の資産を担保に金融機関から借り入れた5億円であり，Bは，この5億円をそのままY社に貸し付けていた。Y社がX社に貸し付ける際の金利は，Bが金融機関から借り入れた際の金利に若干の上乗せがされたものであった。なお，Bは，これらの事情をAに伝えたことはなく，X社の取締役会においても説明していなかった。
7．他方，Cは，Aに対し，X社の募集株式を引き受ける方法であれば，不足する5億円の資金をZ社が提供することができると述べた。
8．そこで，同年2月上旬，X社の取締役会が開催され，1株当たりの払込金額を5000円として，10万株の新株を発行し，その全株式をZ社に割り当てることを決定した。この決定については，Bのみが反対したが，他の4名の取締役の賛成により決議が成立した。
X社は，この募集株式の発行に当たり，株主総会の決議は経なかったが，募集事項の決定時及び新株発行時のX社の1株当たりの価値は，1万円を下ることはなかった。また，X社はこの募集株式の発行について，適法に公告を行っている。
9．Cは，同月下旬，上記6の事情を知るに至った。

〔設問1〕
　Cは，平成26年3月に開催されたX社の取締役会において，X社のY社からの借入れが無効であると主張している。この主張の当否について論じなさい。

〔設問2〕
　Bは，X社のZ社に対する募集株式の発行の効力が生じた後，訴えを提起してその発行が無効であると主張している。この主張の当否について論じなさい。

法律実務基礎科目の問題や，予備試験合格後の司法試験の問題になるとさらに長文の事例問題が出題されています。

[予備試験平成26年度法律実務基礎科目刑事]
次の【事例】を読んで，後記〔設問〕に答えなさい。

【事例】
1　A（男性，22歳）は，平成26年2月1日，V（男性，40歳）を被害者とする強盗致傷罪の被疑事実で逮捕され，翌2日から勾留された後，同月21日，「被告人は，Bと共謀の上，通行人から金品を強取しようと企て，平成26年1月15日午前零時頃，H県I市J町1丁目2番3号先路上において，同所を通行中のV（当時40歳）に対し，Bにおいて，Vの後頭部をバットで1回殴り，同人が右手に所持していたかばんを強く引いて同人を転倒させる暴行を加え，その反抗を抑圧した上，同人所有の現金10万円が入った財布等2点在中の前記かばん1個（時価合計約1万円相当）を強取し，その際，同人に加療約1週間を要する頭部挫創の傷害を負わせた。」との公訴事実が記載された起訴状により，I地方裁判所に公訴を提起された。なお，B（男性，22歳）は，Aが公訴を提起される前の同年2月6日に同裁判所に同罪で公訴を提起されていた。
2　Aの弁護人は，Aが勾留された後，数回にわたりAと接見した。Aは，逮捕・勾留に係る被疑事実につき，同弁護人に対し，「私は，平成26年1月14日午後11時頃，友人Bの家に居た際，Bから『ひったくりをするから，一緒に来てくれ。車を運転してほしい。ひったくりをする相手が見付かったら，俺だけ車から降りてひったくりをするから，俺が戻るまで車で待っていてほしい。俺が車に戻ったらすぐに車を発進させて逃げてくれ。』と頼まれた。Bからひったくりの手伝いを頼まれたのは，この時が初めてである。私は，Bが通行人の隙を狙ってかばんなどを奪って逃げてくるのだと思った。私は金に困っておらず，ひったくりが成功した際に分け前をもらえるかどうかについては何も聞かなかったが，私自身がひったくりをするわけでもないので自動車を運転するくらいなら構わないと思い，Bの頼みを引き受けた。その後，私は，先にBの家を出て，その家に来る際に乗ってきていた私の自動車の運転席に乗った。しばらくしてから，Bが私の自動車の助手席に乗り込んだ。Bが私の自動車に乗り込んだ際，私は，Bがバットを持っていることに気付かなかった。そして，私が自動車を運転して，I市内の繁華街に向かった。車内では，どうやってかばんなどをひったくるのかについて何も話

をしなかった。私は，しばらく繁華街周辺の人気のない道路を走り，翌15日午前零時前頃，かばんを持って一人で歩いている男性を見付けた。その男性がＶである。Ｂも，Ｖがかばんを持って歩いていることに気付き，私に『あの男のかばんをひったくるから，車を止めてくれ。』と言ってきた。私が自動車を止めると，Ｂは一人で助手席から降り，Ｖの後を付けて行った。この時，周囲が暗く，私は，Ｂがバットを持っていることには気付かなかったし，ＢがＶに暴力を振るうとは思っていなかった。その後，私からは，ＶとＢの姿が見えなくなった。私は，自動車の運転席で待機していた。しばらくすると，Ｂが私の自動車の方に走ってきたが，ＶもＢの後を追い掛けて走ってきた。私は，Ｂが自動車の助手席に乗り込むや，すぐに自動車を発進させてその場から逃げた。Ｂがかばんを持っていたので，私は，ひったくりが成功したのだと思ったが，ＢがＶに暴力を振るったとは思っていなかった。私とＢは，Ｂの家に戻ってから，一緒にかばんの中身を確認した。かばんには財布と携帯電話機１台が入っており，財布の中には現金10万円が入っていた。Ｂが，私に２万円を渡してきたので，私は，自動車を運転した謝礼としてこれを受け取った。残りの８万円はＢが自分のものにした。財布や携帯電話機，かばんについては，Ｂが自分のものにしたか，あるいは捨てたのだと思う。私は，Ｂからもらった２万円を自分の飲食費などに使った。」旨説明した。Ａは，前記１のとおり公訴を提起された後も，同弁護人に前記説明と同じ内容の説明をした。

3　受訴裁判所は，同年２月24日，Ａに対する強盗致傷被告事件を公判前整理手続に付する決定をした。検察官は，同年３月３日，【別紙１】の証明予定事実記載書を同裁判所及びＡの弁護人に提出・送付するとともに，同裁判所に【別紙２】の証拠の取調べを請求し，Ａの弁護人に当該証拠を開示した。Ａの弁護人が当該証拠を閲覧・謄写したところ，その概要は次のとおりであった。
　⑴　甲第１号証の診断書には，Ｖの受傷について，同年１月15日から加療約１週間を要する頭部挫創の傷害と診断する旨が記載されていた。
　⑵　甲第２号証の実況見分調書には，司法警察員が，Ｖを立会人として，同日午前２時から同日午前３時までの間，Ｖがかばんを奪われるなどの被害に遭った事件現場としてＨ県Ｉ市Ｊ町１丁目２番３号先路上の状況を見分した結果が記載されており，同所付近には街灯が少なく，夜間は非常に暗いこと，同路上の通行量はほとんどなく，実況見

分中の1時間のうちに通行人2名が通過しただけであったことなども記載されていた。
(3) 甲第3号証のバット1本は、木製で、長さ約90センチメートル、重さ約1キログラムのものであった。
(4) 甲第4号証のVの検察官調書には、「私は、平成26年1月15日午前零時頃、勤務先から帰宅するためI市内の繁華街に近い道路を一人で歩いていたところ、いきなり何者かに後頭部を固い物で殴られ、右手に持っていたかばんを強く引っ張られて仰向けに転倒した。私は、仰向けに転倒した拍子にかばんから手を離した。すると、この時、私のすぐそばに男が立っており、その男が左手にバットを持ち、右手に私のかばんを持っているのが見えた。そこで、私は、その男にバットで後頭部を殴られたのだと分かった。男は、私のかばんを持って逃げたが、その際、バットを地面に落としていった。かばんには、財布と携帯電話機1台を入れており、財布の中には、現金10万円を入れていた。男にかばんを奪われた後、私は、すぐに男を追い掛けたが、男が自動車に乗って逃げたため、捕まえることはできなかった。」旨記載されていた。
(5) 甲第5号証のBの検察官調書には、「私は、サラ金に約50万円の借金を抱え、平成26年1月15日に事件を起こす1週間くらい前から、遊ぶ金欲しさに、通行人からかばんなどをひったくることを考えていた。通行人からかばんなどをひったくる際には抵抗されることも予想し、そのときは相手を殴ってでもかばんなどを奪おうと考えていた。私は、同月14日午後11時頃、私の自宅に来ていた友人Aに『ひったくりをするから、一緒に来てくれないか。車を運転してほしい。ひったくりをする相手が見付かったら、俺が一人で車から降りてひったくりをするから、その間、車で待っていてくれ。俺が車に戻ったら、すぐに車を走らせて逃げてほしい。』と頼んだ。Aは、快く引き受けてくれて、Aの自動車でI市内の繁華街に行くことを話し合った。私は、かばんなどを奪う相手に抵抗されたりした場合にはその相手をバットで殴ったり脅したりしようと考え、自分の部屋からバット1本を持ち出し、そのバットを持ってAの自動車の助手席に乗った。そして、Aが自動車を運転して繁華街に向かい、その周辺の道路を走行しながら、ひったくりの相手を探した。車内では、どうやってかばんなどを奪うのかについて話はしなかった。私は、かばんを持って一

人で歩いている男性Vを見付けたので，Aに停車してもらってから，私一人でバットを持って降車し，Vの後を付けて行った。私がバットを持って自動車に乗ったことや，バットを持って自動車から降りたことは，Aも自動車の運転席に居たのだから，当然気付いていたと思う。私は，降車してしばらくVを追跡してから，同月15日午前零時頃，背後からVに近付き，いきなりVが右手に持っていたかばんをつかんで後ろに引っ張った。この時，Vが後方に転倒して頭部を地面に打ち付け，かばんから手を離したので，私は，すぐにかばんを取ることができた。私は，Vを転倒させようと思ってかばんを引っ張ったわけではなく，バットで殴りもしなかった。かばんを奪った直後，私は，手を滑らせてバットをその場に落としてしまったが，Vがすぐに立ち上がって私を捕まえようとしたので，バットをその場に残したままAの自動車まで走って逃げた。私は，Vに追い掛けられたが，私がAの自動車の助手席に乗り込むとAがすぐに自動車を発進させてくれたので，逃げ切ることができた。その後，私とAは，私の自宅に戻り，Vのかばんの中身を確認した。かばんには，財布と携帯電話機1台が入っており，財布には現金10万円が入っていた。そこで，私は，Aに，自動車を運転してくれた謝礼として現金2万円を渡し，残り8万円を自分の遊興費に使った。財布や携帯電話機，かばんは，私がいずれもゴミとして捨てた。」旨記載されていた。

(6) 乙第1号証のAの警察官調書には，Aの生い立ちなどが記載されており，乙第2号証のAの検察官調書には，前記2のとおりAが自己の弁護人に説明した内容と同じ内容が記載されていた。乙第3号証の身上調査照会回答書には，Aの戸籍の内容が記載されていた。

4　Aの弁護人は，【別紙1】の証明予定事実記載書及び【別紙2】の検察官請求証拠を検討した後，①同証明予定事実記載書の内容につき，受訴裁判所裁判長に対して求釈明を求める方針を定め，また，②検察官に対し，【別紙2】の検察官請求証拠の証明力を判断するため，類型証拠の開示を請求した。そこで，検察官は，当該開示請求に係る証拠をAの弁護人に開示した。

その後，同年3月14日，Aに対する強盗致傷被告事件につき，第1回公判前整理手続期日が開かれた。裁判長は，Aの弁護人からの前記求釈明の要求に応じて，検察官に釈明を求めた。そこで，検察官は，今後，証明予定事実記載書を追加して提出することにより釈明する旨述べた。

第1回公判前整理手続期日が終了した後，検察官は，追加の証明予定事実記載書を受訴裁判所及びＡの弁護人に提出・送付した。Ａの弁護人は，ＢがＶの後頭部をバットで殴打したか否かなどの実行行為の態様については，甲第4号証のＶの検察官調書が信用性に乏しく，甲第5号証のＢの検察官調書が信用できると考えた。その上で，③Ａの弁護人は，前記2のＡの説明内容に基づいて予定主張記載書面を作成し，これを受訴裁判所及び検察官に提出・送付した。
　同月28日，第2回公判前整理手続期日が開かれ，受訴裁判所は，争点及び証拠を整理し，Ｖ及びＢの証人尋問が実施されることとなった。そして，同裁判所は，争点及び証拠の整理結果を確認して審理計画を策定し，公判前整理手続を終結した。公判期日は，同年5月19日から同月21日までの連日と定められた。
5　その後，Ｂに対する強盗致傷被告事件の公判が，同年4月21日から同月23日まで行われた。Ｂは，同公判の被告人質問において，「実は，起訴されるまでの取調べにおいては嘘の話をしていた。本当は，平成26年1月14日午後11時頃，自宅において，Ａに対し本件犯行への協力を求めた際，Ａから『バットを持って行けばよい。』と勧められた。また，Ｖを襲った時，バットでＶの後頭部を殴ってから，Ｖのかばんを引っ張った。」旨新たに供述した。そこで，Ａの公判を担当する検察官が，同年4月24日にＢを取り調べたところ，Ｂは自己の公判で供述した内容と同旨の供述をしたが，その一方で「Ａの前では，Ａに責任が及ぶことについて話しづらいので，Ａの公判では，できることなら話したくない。今日話したことについては，供述調書の作成にも応じたくない。」旨供述した。④同検察官は，取調べの結果，Ｂが自己の公判で新たにした供述の内容が信用できると判断した。

〔設問1〕
　下線部①につき，Ａの弁護人が求釈明を求める条文上の根拠を指摘するとともに，同弁護人が求釈明を求める事項として考えられる内容を挙げ，当該求釈明の要求を必要と考える理由を具体的に説明しなさい。

〔設問2〕
　下線部②につき，Ａの弁護人が甲第4号証のＶの検察官調書の証明力を判断するために開示を請求する類型証拠として考えられるものを3つ

挙げ，同弁護人が当該各証拠の開示を請求するに当たり明らかにしなければならない事項について，条文上の根拠を指摘しつつ具体的に説明しなさい。ただし，当該各証拠は，異なる類型に該当するものを３つ挙げることとする。

〔設問３〕
　下線部③につき，Ａの弁護人は，Ａの罪責についていかなる主張をすべきか，その結論を示すとともに理由を具体的に論じなさい。

〔設問４〕
　下線部④につき，検察官は，Ｂが自己の公判で新たにした供述の内容をＡの公訴事実の立証に用いるためにどのような訴訟活動をすべきか，予想されるＡの弁護人の対応を踏まえつつ具体的に論じなさい。

【別紙1】

証明予定事実記載書
平成26年3月3日

　被告人Aに対する強盗致傷被告事件に関し，検察官が証拠により証明しようとする事実は以下のとおりである。

記

第1　犯行に至る経緯 　1　被告人とBとは，高校の同級生であり，高校卒業後もお互いの自宅に行き来するなどし，友人として付き合いを続けていた。 　2　Bは，高校卒業後，アルバイトをすることもあったが，定職には就いておらず，本件当時も無職であった。また，Bは，本件当時，消費者金融会社からの負債が約50万円に上っていた。そこで，Bは，遊興費欲しさに，本件の約1週間くらい前から，通行人を殴打するなどしてかばん等を奪うことを考えるようになった。 　3　被告人は，平成26年1月14日，自己が所有する普通乗用自動車に乗って，Bの自宅に訪れた。Bは，同日午後11時頃，かねてから考えていた強盗を実行しようと決意し，事件後に逃走するためには自動車があった方がよいと考え，被告人に自動車の運転役を依頼し，被告人もこれを了承し，ここにおいて被告人とBは，強盗の共謀を遂げた。 　　被告人は，自己の自動車の運転席に乗り，Bが，自宅にあったバット1本を持ち，同車の助手席に乗った。そして，被告人が同車を運転し，H県I市内の繁華街に向かった。なお，被告人は，Bが乗車した際にバットを持っていることを認識していた。	証拠 第1につき 甲3号証（バット1本），甲4号証（Vの検察官調書），甲5号証（Bの検察官調書），乙1号証（被告人の警察官調書），乙2号証（被告人の検察官調書）
第2　犯行状況等 　1　被告人とBは，I市内の繁華街周辺の道路を自動車で走行していた際，かばんを所持して徒歩で帰宅途中のVを認め，Vからそのかばんを強奪しようと考えた。そこで，被告人が自動車を停止させ，Bがバットを持って降車し，Vを追跡した。 　　Bは，しばらくVを追跡した後，同月15日午前零時頃，I市J町1丁目2番3号先路上において，いきなりVの後頭部を手に持っていたバットで1回殴打し，Vが右手に持っていたかばんをつかんで後方に引っ張った。Vは，かばんを引っ張られた勢いで仰向けに転倒してかばんから手を離した。そこで，Bは，Vのかばんを取得し，被告人の自動車まで逃走した。この間，被告人は，同車内で待機していたが，Bが，Vから追い掛けられながら逃走してくるのを認め，Bが助手席に乗るや否や同車を発車させて逃走した。 　　Vは，前記のとおり後頭部を殴打されたことなどにより，加療約1週間を要する頭部挫創のけがを負った。 　2　被告人とBは，Bの自宅に戻り，Vのかばんの中身を確認	第2につき 甲1号証（診断書），甲2号証（実況見分調書），甲3号証（バット1本），甲4号証（Vの検察官調書），甲5号証（Bの検察官調書），乙2号証（被告人の検察官調書）

した。かばんの中には財布及び携帯電話機1台が入っており，財布の中には現金10万円が入っていたことから，Bが8万円を自分のものとし，被告人が2万円を自分のものとした。財布，携帯電話機及びかばんについては，Bが廃棄した。

以上

【別紙2】

検察官請求証拠

甲号証		
番号	証拠の標目	立証趣旨
甲第1号証	診断書	Vの負傷部位・内容
甲第2号証	実況見分調書	犯行現場の状況
甲第3号証	バット1本	犯行に用いられたバットの存在及び形状
甲第4号証	Vの検察官調書	被害状況
甲第5号証	Bの検察官調書	犯行に至る経緯及び犯行の状況等

乙号証		
番号	証拠の標目	立証趣旨
乙第1号証	被告人の警察官調書	身上・経歴関係
乙第2号証	被告人の検察官調書	犯行に至る経緯及び犯行の状況等
乙第3号証	被告人の身上調査照会回答書	被告人の身上関係

[司法試験平成 26 年度刑法]
　以下の事例に基づき，甲，乙及び丙の罪責について，具体的な事実を摘示しつつ論じなさい（特別法違反の点を除く。）。

1　甲（23歳，女性）は，乙（24歳，男性）と婚姻し，某年3月1日（以下「某年」は省略する。），乙との間に長男Aを出産し，乙名義で借りたアパートの一室に暮らしていたが，Aを出産してから乙と不仲となった。乙は，甲と離婚しないまま別居することとなり，5月1日，同アパートから出て行った。乙は，その際，甲から，「二度とアパートには来ないで。アパートの鍵は置いていって。」と言われ，同アパートの玄関の鍵を甲に渡したものの，以前に作った合鍵1個を甲に内緒で引き続き所持していた。甲は，乙が出て行った後も名義を変えずに同アパート（以下「甲方」という。）にAと住み続け，自分でその家賃を支払うようになった。甲は，5月中旬頃，丙（30歳，男性）と知り合い，6月1日頃から，甲方において，丙と同棲するようになった。
2　丙は，甲と同棲を開始した後，家賃を除く甲やAとの生活に必要な費用を負担するとともに，育児に協力してAのおむつを交換したり，Aを入浴させるなどしていた。しかし，丙は，Aの連日の夜泣きにより寝不足となったことから，6月20日頃には，Aのことを疎ましく思うようになり，その頃からおむつ交換や入浴などの世話を一切しなくなった。
3　甲は，その後，丙がAのことを疎ましく思っていることに気付き，「このままAがいれば，丙との関係が保てなくなるのではないか。」と不安になり，思い悩んだ末，6月末頃，丙に気付かれないようにAを殺害することを決意した。Aは，容易に入手できる安価な市販の乳児用ミルクに対してはアレルギーがあり，母乳しか飲むことができなかったところ，甲は，「Aに授乳しなければ，数日で死亡するだろう。」と考え，7月1日朝の授乳を最後に，Aに授乳や水分補給（以下「授乳等」という。）を一切しなくなった。
　このときまで，甲は，2時間ないし3時間おきにAに授乳し，Aは，順調に成育し，体重や栄養状態は標準的であり，特段の疾患や障害もなかった。通常，Aのような生後4か月の健康な乳児に授乳等を一切しなくなった場合，その時点から，①約24時間を超えると，脱水症状や体力消耗による生命の危険が生じ，②約48時間後までは，授乳等を再開すれば快復するものの，授乳等を再開しなければ生命の危険が次第に

高まり，③約48時間を超えると，病院で適切な治療を受けさせない限り救命することが不可能となり，④約72時間を超えると，病院で適切な治療を受けさせても救命することが不可能となるとされている。

　なお，甲は，Aを殺害しようとの意図を丙に察知されないように，Aに授乳等を一切しないほかは，Aのおむつ交換，着替え，入浴などは通常どおりに行った。

4　7月2日昼前には，Aに脱水症状や体力消耗による生命の危険が生じた。丙は，その頃，Aが頻繁に泣きながら手足をばたつかせるなどしているのに，甲が全くAに授乳等をしないことに気付き，甲の意図を察知した。しかし，丙は，「Aが死んでしまえば，夜泣きに悩まされずに済む。Aは自分の子でもないし，普通のミルクにはアレルギーがあるから，俺がミルクを与えるわけにもいかない。Aに授乳しないのは甲の責任だから，このままにしておこう。」と考え，このままではAが確実に死亡することになると思いながら，甲に対し，Aに授乳等をするように言うなどの措置は何ら講じず，見て見ぬふりをした。

　甲は，丙が何も言わないことから，「丙は，私の意図に気付いていないに違いない。Aが死んでも，何らかの病気で死んだと思うだろう。丙が気付いて何か言ってきたら，Aを殺すことは諦めるしかないが，丙が何か言ってくるまではこのままにしていよう。」と考え，引き続き，Aに授乳等をしなかった。

5　7月3日昼には，Aの脱水症状や体力消耗は深刻なものとなり，病院で適切な治療を受けさせない限り救命することが不可能な状態となった。同日昼過ぎ，丙は，甲が買物に出掛けている間に，Aを溺愛している甲の母親から電話を受け，同日夕方にAの顔を見たいので甲方を訪問したいと言われた。Aは，同日夕方に病院に連れて行って適切な治療を受けさせれば，いまだ救命可能な状態にあったが，丙は，「甲の母親は，Aの衰弱した姿を見れば，必ず病院に連れて行く。そうなれば，Aが助かってしまう。」と考え，甲の母親に対し，甲らと出掛ける予定がないのに，「あいにく，今日は，これからみんなで出掛け，帰りも遅くなるので，またの機会にしてください。」などと嘘をつき，甲の母親は，やむなく，その日の甲方訪問を断念した。

6　7月3日夕方，甲は，目に見えて衰弱してきたAを見てかわいそうになり，Aを殺害するのをやめようと考え，Aへの授乳を再開し，以後，その翌日の昼前までの間，2時間ないし3時間おきにAに授乳した。

しかし，Ａは，いずれの授乳においても，衰弱のため，僅かしか母乳を飲まなかった。甲は，Ａが早く快復するためには病院に連れて行くことが必要であると考えたが，病院から警察に通報されることを恐れ，「授乳を続ければ，少しずつ元気になるだろう。」と考えてＡを病院に連れて行かなかった。
7　他方，乙は，知人から，甲が丙と同棲するようになったと聞き，「俺にも親権があるのだから，Ａを自分の手で育てたい。」との思いを募らせていた。乙は，7月4日昼，歩いて甲方アパートの近くまで行き，甲方の様子をうかがっていたところ，甲と丙が外出して近所の食堂に入ったのを見た。乙は，甲らが外出している隙に，甲に無断でＡを連れ去ろうと考え，持っていた合鍵を使い，玄関のドアを開けて甲方に立ち入り，Ａを抱きかかえて甲方から連れ去った。
8　乙は，甲方から約300メートル離れた地点で，タクシーを拾おうと道路端の歩道上に立ち止まり，そこでＡの顔を見たところ，Ａがひどく衰弱していることに気付いた。乙は，「あいつら何をやっていたんだ。Ａを連れ出して良かった。一刻も早くＡを病院に連れて行こう。」と考え，走行してきたタクシーに向かって歩道上から手を挙げたところ，同タクシーの運転手が脇見をして乙に気付くのが遅れ，直前で無理に停車しようとしてハンドル及びブレーキ操作を誤った。そのため，同タクシーは，歩道に乗り上げ，Ａを抱いていた乙に衝突して乙とＡを路上に転倒させた。
9　乙とＡは直ちに救急車で病院に搬送され，乙は治療を受けて一命をとりとめたものの，Ａは病院到着時には既に死亡していた。司法解剖の結果，Ａの死因は，タクシーに衝突されたことで生じた脳挫傷であるが，他方で，Ａの衰弱は深刻なものであり，仮に乙が事故に遭うことなくタクシーでＡを病院に連れて行き，Ａに適切な治療を受けさせたとしても，Ａが助かる可能性はなく，1日ないし2日後には，衰弱により確実に死亡していたであろうことが判明した。

　論文式試験では，通常は六法（司法試験用に編集されたもの）が貸与されます（法科大学院入試では，貸与されない代わりに，問題文に必要な条文が掲げられている場合もあります）。試験場では六法は自由に参照することができます。大学入試など今までの試験では，おそらく何かを参照しながら解

答するということはほとんどなかったと思いますので，論文式試験はハード面において少し特殊であるといえます。

そして，司法試験では，1問につきA4の答案用紙8枚，予備試験では1問につきA4の答案用紙4枚（一般教養科目は2枚以内）が配布されます。この答案用紙を司法試験では1問2時間，予備試験では1問当たり70分で埋めていくことになります（ちなみに，法科大学院入試では，大学院ごとにバラバラです）。

見 本 法務省HP（http://www.moj.go.jp/content/000073977.pdf）から。
予備試験の場合は行数が22行。

（第 1 問）

内容面についてみていくと，論文式試験といっても，ここまでに挙げた問題のように，請求できるか／できないか（予備試験平成23年度民法），適当か／不当か（予備試験平成26年度商法）という Yes ／ No 方式で答えられるような設問もあります。「論文」というと，法学に関する持論か何かを滔々と述べなければならないものと思われがちですが，実はただの試験なのですね。司法試験は，法曹になるための能力を図るための試験ですので，ある程度客観的な正解があり，それに対応した採点基準があります。試験であるという本質においては，皆さんが今まで解いてきた試験問題と変わりがありません。

　とはいえ，この問題文を，六法を片手に読み解き，法律用語を用いて，答案を完成させなければなりませんし，また，Yes ／ No に至る道筋が複数あり，しかもそのどちらも正解であるという場合も多いです。その意味で，やはりやや異質な試験です。

　また，司法試験受験業界では，「一行問題」と呼ばれている問題があります。これを明確に定義することは難しいのですが，事例型の問題ではなく，ある事項について説明させるタイプの問題というくらいで捉えておいて頂ければ十分です。例えば，「基本的人権について述べよ。」というような非常にザックリとした出題がなされることもあります。こちらの方が，いわゆる「論文」のイメージに近い問題かもしれません。ただし，この一行問題は，予備試験ではほとんど出題されていません。

　事例型の問題でも，必ずしも Yes ／ No 方式で答えられるわけではありません。例えば，上記の法律実務基礎科目刑事の問題は Yes ／ No 方式で答えられる問題ではありません。Yes ／ No 方式で答えられる問題の方が少ないかもしれません。

　司法試験の論文式試験も試験である以上，今まで皆さんが解いてきた試験問題と本質的には変わらないのですが，以上のような点において少し特殊な試験であるといえます。

> **Point**
> □ 論文式試験は，長文の問題文を読んで，法律論文を書く試験
> □ 論文式試験では，六法が参照できる
> □ ある程度客観的な「正解」はあるものの，Yes／No方式では答えられない問題が多く，やや特殊な試験

3 傾向と対策

(1) 法律基本科目

　法律基本科目で求められる知識の範囲は，短答式試験より狭いといえます。

　しかし，そもそも解答形式が選択式ではなく，論述式であるため，法学に関する知識・理解を法律文書という特殊な文書の形で表現しなければなりません。また，問われる知識の範囲が広いわけではないのですが，専門家の間でも議論が尽くされていないような未知の問題も出題されます。

　見たことも聞いたこともない問題について，基本的な知識をベースとして，自分の頭で考えて答えを導き出す能力（論理的思考力・応用力）と，自分で考えた結論を法律文書の形で表現する能力（文章表現力）の双方が求められます。

　このように，論文式試験問題を解くことができるようになるためには，基本的な知識のインプットを前提として，問題文を読んでから実際に答案を作成するまでの技術も身につけなければなりません。この点については，(4)で詳しく説明します。

(2) 法律実務基礎科目

　法律実務基礎科目では，法律基本科目で出題される知識をより実務的な観点から使いこなせるかという点を問う問題が出題されます。

　法律実務基礎科目民事では，民事訴訟実務と法曹倫理，法律実務基礎科目刑事では，刑事訴訟実務が出題されています。

　ザックリとしたイメージですが，民事訴訟実務は民法と民事訴訟法を掛け合わせたもの，刑事訴訟実務は刑法と刑事訴訟法を掛け合わせたものをベースとして，実務的な能力を問うものだと考えればよいでしょう。なお，法曹倫理は，弁護士としての職業倫理を問うものと誤解されがちですが，弁護士法や日弁連が定めている弁護士職務基本規程の条文の使いこなしを求めるものです。

　法律実務基礎科目民事では民法・民事訴訟法，法律実務基礎科目刑事では刑法・刑事訴訟法の知識が前提とされていますので，法律基本科目の学習が終わった後に，知識のインプットを行うとよいでしょう。

　なお，論文答案作成のための技術が必要になるという点では，法律基本科目と大差ありません。ただし，やや特殊なスタイルで論述しなければなりませんので，その点は別途対策をする必要があります。

> **Point**
> □ 論文式試験は，要求される知識範囲は短答式試験よりも狭いものの，論理的思考力や文章表現力が求められる
> □ 法律実務基礎科目も基本的に法律基本科目と同様だが，やや特殊な論述のスタイルになる

(3) 一般教養科目

　主に社会科学からの出題で，特定の人物の思想や考え方についての文章を読ませた上で，その考え方を要約させたり，反論させたり，その思想を現代社会に当てはめさせたりする出題が続いており，小論文試験に近い問題です。
　法律基本科目や法律実務基礎科目とは出題形式が大幅に異なるので，以下に，平成26年度と平成25年度の問題を掲げておきます。

［予備試験平成26年度論文式試験一般教養科目］
　エリート（選良）という言葉は，今日，両義的な意味合いで用いられる。例えば，「トップエリートの養成」というと，肯定的な含意がある。これに対して，「エリート意識が高い」というと，否定的な含意がある。エリートをどう捉えるかは，社会をどう捉えるかと同等の，極めて根源的な問題の一つである。
　「エリートとは何か」をめぐる，以下の二つの文章を読んで，後記の各設問に答えなさい。

［A］「エリートとは何か」は，それぞれの社会の持つ歴史的・地理的な制約によって，その様相が異なる問題である。
　　　これに関連して，イタリアの経済学者・社会学者V.F.D.パレートは，「エリートの周流」（circulation of elites）という理論を提示している。この理論は，エリートが周流的に交替する（旧エリートが衰退し，新エリートが興隆する）ことを，一つの社会法則として提示しようとしたものである。
　　　パレートはこう説く。エリートは，本来，少数者（特定の階級）の利益を代表している。新エリートは，当初（旧エリートの階級性を批判しつつ）多数者の利益を代表して登場する。しかし，旧エリートと交替すると，今度は少数者の利益を代表するようになる，と（「社会学理論のひとつの応用」1900年による。）。

〔設問1〕
　［A］の文章中のパレートの理論を参照しつつ，近代社会において「学歴主義」（学歴を人の能力の評価尺度とすること）が果たしてきた役割について，15行程度で論じなさい。

［B］　現代社会（ここでは，「現代社会」という言葉を，古典的な近代社会に対して近代的な近代社会という意味内容で用いている。）が，いかなる様相を持つ社会であるかは，当該社会に生きる私たちにとって現実的な問題である。
　　例えば，アメリカの経営学者P.F.ドラッカーは，「ポスト資本主義社会」という概念を提示している。ドラッカーはこう説く。従来の資本主義社会では，土地・労働・資本の三つが，生産の資源であった。しかし，今日のポスト資本主義社会では，知識が生産の資源になる。資本主義社会では，資本家と労働者が，中心的な階級区分であった。しかし，ポスト資本主義社会では，知識労働者とサービス労働者が中心的な階級区分になる，と（『ポスト資本主義社会』1993年による。）。
　　このドラッカーの主張は，エリートとは何かを論じる目的でされたものではないが，現代社会において「エリートとは何か」を考える上で，一つの素材となり得るものである。

〔設問2〕
　［B］の文章中のドラッカーの主張を素材として，現代日本社会におけるエリートとは何かについて，10行程度で論じなさい。

［予備試験平成25年度論文式試験一般教養科目］
　次の文章は，和辻哲郎『倫理学』（1937～49年）の一節である。これを読んで，後記の各設問に答えなさい。

　（省略）

〔設問1〕
　この文章を15行程度で要約しなさい。

〔設問2〕
　本文で，著者は，「土地の共同」に基づくコミュニティ（共同体）について論じている。それとともに，著者は，「文化の共同」（共通の言語，芸術，学問，宗教，風習，制度，道徳等）に基づくコミュニティの存在をも想定している。このことを踏まえて，コミュニティの現在について，20行程度で論述しなさい。

　問題文に要約・反論等の対象が掲載されていますので，事前に暗記をしておく必要はありません。事前準備は過去問検討だけに絞るなど，必要最小限度に止めるのがよいと思います。

> **Point**
> ☐ 一般教養科目は，法律基本科目や法律実務基礎科目とは出題形式が大幅に異なる
> ☐ 事前準備は，必要最小限度に止めるのがよい

(4) 論文式試験問題が解けるようになるためには

　法学の論文式試験に答えることができる，論文答案が書けるようになるためにはどのように学習すべきなのでしょうか。
　上記のように，論文式試験も「試験」である以上，ある程度客観的な正解があります。客観的な正解があるということは，それに対応する解法があるということです。そして，解法があるということは，それを身につけるための学習法もあるということです。
　以下では，その学習法をもう少し詳しく説明したいと思います。

知識をインプットする

論文式試験の問題は，法律を使って解いていかなければなりません。そのためには，最低限の法学の基本的な知識が必要になります。

そこで，まずはその知識をインプットすることが必要になります。日本史・世界史，英語，数学……，どんな科目でも問いに答えることができるようになるためには，その科目の知識のインプットをする必要があります。それと同じことです。

ちなみに，知識はインプットしてそれで終わりではありません。下記の各過程で自分の知識や理解が不十分であることが判明すると思います。アウトプットをした後は，必ずインプットに戻り，テキスト等を用いて知識や理解を定着させましょう。

論文答案の「書き方」を学ぶ

知識のインプットと同時に進めるべきなのが，論文答案の「書き方」を学ぶことです。

法学の論文式試験は，上記のように少し特殊な試験です。そのため，問題文を読んでから実際に答案を書き上げるための「書き方」を身につけなければなりません。

重要問題を習得する

答案の「書き方」を学んだ後は，実践が必要です。

数学では，公式を習得した後は，練習問題で公式を使いこなすことができるように練習したのだと思います。

法学の論文式試験でも同じです。各科目について，基本的な条文の使いこなしが問われる問題や，重要な最高裁判所の判例を素材とした問題など，重要問題（典型問題・基本問題）と呼ばれる問題があり，それが数学の練習問題に相当します。

予備試験の論文式試験では，短答式試験ほどではないにせよ，要求される知識の範囲がかなり広いので，こなさなければならない練習問題の数も自然と多くなってしまいます。これが法学の論文式試験の1つの特徴です。

予備試験では，条文や判例をそのまま使うだけで解けてしまう簡単な問題は出題されないのでは？　と思われるかもしれませんが，基本がなければ応用もありません。重要問題をしっかりと習得しなければ，司法試験で問われるような難易度の高い問題に対応することはできません。

　ちなみに，上記のように，重要問題で訓練を積む過程で知識や理解に問題があれば，インプットに戻る必要がありますが，解き方に問題があるのであれば，答案の「書き方」に戻って確認するようにしましょう。

実際に答案を作成する

　重要問題で十分訓練を積んだ後は，いよいよ実際に答案を作成していきます。数学でも，練習問題を解いた後は，応用度の高い演習問題を解いたことと思います。

　ただし，数学との重要な違いがあります。数学の場合には，あまり制限時間を気にして演習問題を解いたことはなかったと思います。大学受験などでは，年に数回の模擬試験がありますが，制限時間を意識するのはその時くらいでしょうか。

　これに対して，司法試験の場合には，模擬試験に相当する予備校が提供する「答練」というものがあり，非常に回数が多いのが特徴です（本番と同じタイムテーブルで実施する模擬試験も別途実施されています）。毎週のように，場合によっては毎日のように，模擬試験を受けている感覚ですね。

　司法試験は，アウトプットが非常に難しい試験なので，インプットだけではなくアウトプットも反復練習する必要があります。毎日，毎週のように模擬試験があるというと奇異に感じるかもしれませんが，理にかなった学習法なのです。

　答案を作成する場合には，できる限り本番に近い環境に身を置く必要があります。試験本番では，制限時間内で答案を仕上げなければならないので，時間無制限で答案を作成しても実践的な訓練にはなりません。

　そのため，予備校に通学して答練を受講する，自宅で答案を作成する場合でも制限時間を意識するなど，できる限り本番に近い環境を作り出すよ

うに意識してみてください。

> **Point**
> □ 論文式試験に答えることができるようになるためには，知識をインプットした上で，書き方の技術を学び，実践を繰り返すのが重要

4　難易度

　論文式試験は，上記のように，長文の事例問題を読んで，白紙の答案用紙を埋めていかなければならないという点で，試験形式として馴染みがなく，それだけで難しく感じてしまいます。しかも，出題される問題は，高い応用力が求められるものが多く，出題意図に沿った解答をするためには，上記のようにかなりの訓練が必要になります。

　また，論文式試験には，最大でも短答式試験に合格した方の20％程度しか合格しません。当然この中には記念受験的な人は含まれていませんので，数字通り，あるいは短答式試験を突破した実力者揃いであることを考えると，それ以上の難関試験です。

　後述のように，論文式試験の合格者の9割以上が口述試験に合格していることを考えると，間違いなく**論文式試験が予備試験の天王山**になります。

> **Point**
> □ 論文式試験は，実力者の中での戦い
> □ 問題の難易度も高く，対応するには十分な訓練が必要
> □ 論文式試験が予備試験の天王山

【予備試験論文式試験合格率】（図18）（法務省公表データより作成）

年（平成）	受験者数	合格者数	合格率
23	1301	123	9.5%
24	1643	233	14.2%
25	1932	381	19.7%
26	1913	392	20.5%

Column　社会人受験生と予備試験

　法科大学院創立時は修了生の7, 8割が合格するとのふれ込みであったこと，予備試験ルートが存在しなかったこともあって，多くの社会人受験生は，仕事を辞めて法科大学院に進学しました。

　しかし，現在は法科大学院の人気が低迷しており，仕事を辞めてまで法科大学院に進学しようという社会人受験生は少なくなり，ほとんどの方が予備試験を目指すようになりました。

　本書をお読み頂いている方の中には，社会人受験生の方も多いと思いますので，ここで気になるデータを紹介しておきます。

　まず，前提として，社会人受験生とは，典型的には，大学を卒業し，企業や官公庁で働きながら司法試験を目指している方を指すことにしましょう。

　44頁の図13のうち，大学生や法科大学院在学生は当然ながら社会人受験生とは呼べません。また，法科大学院修了者も社会人受験生とはいいがたいでしょう。そうすると，「大学卒業」の34人が典型的な社会人受験生である可能性が高いと考えられます。

　そこで，この「大学卒業」の方の合格率を分析してみると，短答合格者の論文合格率が，大学生や法科大学院生に比べて圧倒的に低いのが気になります。

　短答式試験の合格率は，実受験者ベースで，大学生が16.1％，「大学卒業」が18.0％，法科大学院生が37.9％で，法科大学院在学生の合格率の高さはさておき（学習期間が長いので当然です），大学生よりは高い数値になっています。

　これに対して，論文式試験の合格率は，短答合格者数ベースで，大学生が27.1％，「大学卒業」が5.9％，法科大学院在学生が43.7％となっています。

> なぜこのような結果になってしまうのか，その要因は様々考えられますが，いずれにしても社会人受験生の方は，論文式試験の対策に注力する必要があるということは間違いありません。

口述試験

1 試験科目・配点・試験時間・問題数・合格点

(1) 試験科目

　法律実務基礎科目（民事・刑事）が試験科目であるとされていますが，法律基本科目（民事では，民法・商法・民事訴訟法，刑事では，刑法・刑事訴訟法）の知識・理解も問われているようです（口述試験については，法務省から出題テーマの発表があるだけで，問題が公表されていません。そのため，受験者の再現に頼らざるを得ない状況です）。

(2) 配点

　口述試験では，法律実務科目の民事と刑事が出題されます。両科目ともに57点から63点の間で，採点され，60点が基準点とされています。ただし，その成績が特に不良であると認められる者に対しては，その成績に応じ，56点以下とするとされています。
　また，60点が概ね半数程度となるように運用することが公表されています。

(3) 試験時間

　試験時間は公表されていませんが，実際に受験した方の話によると，15

分程度が標準ですが，30分かかった方もいるようです。会話のテンポは人によって異なりますし，問題にうまく答えられない方に対して，試験官が助け舟を出したりすることがあるので，時間がバラバラになるようです。したがって，かかった時間と評価には，必ずしも相関関係があるわけではありません。

　試験は2日に分けて実施され，試験官の人数が限られている関係で，1日目に民事，2日目に刑事を受験する人と，1日目に刑事，2日目に民事を実施する人がいます。

(4)　問題数

　試験官が簡単な事例を読み上げた後で，その事例で法的に問題となる点や関係する条文を聞いてきます。

　問題数については，一概にはいえないのですが，端的に条文を指摘するだけの問題も含めると，民事刑事ともに概ね20項目程度になるようです。

(5)　合格点

　合格点は，毎年119点です。

　民事刑事のいずれかで若干のミスをして59点となってしまっても，もう一方が標準（60点）以上であれば，合格できることになりますし，逆に，57点とか58点になってしまうと，もう一方の科目を61点以上取らなくてはいけなくなり，挽回が苦しくなります。

> **Point**
> □ 口述試験は2日間実施
> □ 10分から15分程度の面接試験

2 出題形式・特徴

　口述試験は，法的な推論，分析及び構成に基づいて弁論をする能力を有するかどうかの判定のために行われる，いわゆる面接試験です。

　受験者の再現を見る限り，試験委員がある事例を口頭で読み上げ，それについての問いが投げかけられています。受験者はその問いに答える形になります。

　なお，六法は参照してもよいのですが，回答を暗記しているのが当然であるという事項もあるので，回答できる範囲では，六法を参照せずに回答した方が無難です。

3 傾向と対策

　例年，論文式試験の合格発表が行われるのが10月の上旬で，口述試験が実施されるのは10月の下旬であるため，その準備期間は約2週間程度しかありません。ちなみに，口述試験は下記のように，論文式試験合格者の9割以上が合格する試験なので，論文式試験受験後，合格発表までの間，口述試験の対策を行っている受験生はほとんどいません（並行して法科大学院入試を受験している人は法律の勉強をしていますが，そうではない人はそもそも法律の勉強すらしないのが通常です）。

　まずは，論文式試験の法律実務基礎科目で学習した法律知識をもう一度総ざらいしておきましょう。

　また面接試験ですので，必要な知識が備わっていたとしても，スムーズ

に解答するためには，ある程度の場馴れが必要です。

　特に，分からない問題が聞かれても何か発言することで試験官と会話を続けて，助け舟にうまく乗り，必要最小限の点数を取ることが大事だと考えられています。

　口述試験のやりとりを再現したものを読んだり，実際に受験した人の話を聞いたりしていると，試験官は，何とか正解を引き出そうと考えて，ヒントをくれる，条文の参照を許可してくれるなど，色々と助け舟を出してくれていることが分かります。

　私も口述試験の模擬試験の試験官をやったことがあるので分かるのですが，沈黙して考えている人には助け舟を出すことができません。会話のキャッチボールでいうと，相手がボールを持っている状態なので，試験官が身動きを取れないということです。

　とにかく何か発言をして，ボールを試験官に渡してしまうことが重要です。

　この点については，各予備校が，論文式試験合格発表後，口述試験の模擬試験を実施しますので，それを利用するとよいでしょう（無料で受験できるという予備校が多いようです）。

4　難易度

　口述試験は，問われる内容が簡単ではなく，面接試験という特殊な試験形式ですが，例年受験者の9割以上の方が合格しています。

　また，上記のように，受験者が回答に詰まった場合には，試験官が助け舟を出してくれているようです。

　そのため，よほどのことがない限り，まず間違いなく合格する試験であ

るといえます。

【予備試験口述試験合格率】（図 19）（法務省公表データより作成）

年（平成）	受験者数	合格者数	合格率
23	122	116	95.1%
24	233	219	94.0%
25	379	351	92.6%
26	391	356	91.6%

> **Point**
> □ 口述試験は9割以上が合格する試験
> □ 各予備校が実施している口述試験の模擬試験で場慣れするのがよい

4 予備試験に「最速」で合格するための学習法

なぜ「最速」にこだわるのか

　本章では，前章までの予備試験の分析を踏まえ，予備試験に「最速」で合格するための学習法をお伝えします。本書で「最速」とは，約1年間の学習期間で予備試験に合格することを指します。

　しかし，本書の読者の皆さんの中には，なぜ「最速」＝1年間の学習期間にこだわるのか，疑問に思われる方もいらっしゃるかもしれません。

　その理由を説明しましょう。

　皆さんが，予備試験を目指すのはなぜでしょうか。

　もちろん，直接的には，司法試験の受験資格を得るためでしょう。その意味では，「最速」ではある必要はありません。

　しかし，最終的な目標は，司法試験に合格し，法律実務家として活躍することでしょう。

　法律家としてのキャリアを考えた場合には，1年でも早く司法試験に合格すべきです。受験勉強などいくら頑張っても，「実務」という観点から見れば，得られる知識・経験は高々知れています。1年でも早く実務に出てキャリアを積む方が，実務家としての成功につながります。

　また，生涯年収の面でいっても，前述のように，法律事務所の中には初年度から年収が1千万円を超えるところもありますので，数年間受験勉強に費やしてしまうと，数千万円の収入が失われてしまうことにもなりかねません（逆に，予備校代や生活費などで出費がかさんでしまいます）。

　司法試験合格も予備試験合格も，皆さんにとってはあくまでもその目的達成のための手段にすぎないということを忘れないようにしなければなりません。

　予備試験ルートをオススメするのも，1年も早く皆さんに実務家として活躍してほしいからです。

以下でお話しするように，本気で勉強すれば，1年間（場合によってはそれ未満）の勉強で，予備試験に合格することは可能です。司法試験の勉強期間を入れても，2年間の勉強期間で済みます。

　一方で，法科大学院ルートでは，最低でも大学3年間＋法科大学院2年間の計5年間の学習期間を要します。法科大学院ルートでは学習を最低5年間という長い期間をかけて負担することになります。

　それよりは，1年間，2年間で集中して「濃い」学習をし，できるだけ早く実務家として活躍する途を選んだ方が賢明ではないでしょうか。

> **Point**
> □ 1年でも早く予備試験，司法試験に合格することで，実務家としての活躍の可能性が広がる

学習ツール

　それでは，「最速」で合格するために，「どのように」学習すればよいのか，まずはそのツールから考えましょう。

1　大学の講義

　大学生の方で，法学部に在籍している方は，大学の講義を利用して，予備試験の合格を目指すという方もいらっしゃるかもしれません。

　確かに，法律基本科目（憲法・民法・刑法・商法・民事訴訟法・刑事訴訟法・行政法）については，法学部でも必修科目又は選択科目として履修することができるでしょう。しかし，おそらく多くの大学では，これらの科目を全て履修するためには，2年半ないし3年間の期間を要します。そのため，1年間の学習期間で予備試験に合格することはそもそも物理的に不可能です。

　また，大学の講義は，主に学問研究の成果を伝えることを目的としており，司法試験合格，予備試験合格を意識して行われるわけではないので，司法試験合格，予備試験合格に必要十分な知識を身につけることが難しいといえます。

　なお，法律実務基礎科目に相当する講義を開講している大学はほとんど無いでしょう。

　以上のような事情からすると，大学の講義を利用して予備試験の1年合格を目指すことはほぼ不可能であるといってよいでしょう。

ただ，誤解しないで頂きたいのは，「大学の講義をサボってよい」といっているわけではないということです。法科大学院も併願する場合，GPAをキープしておかなければならないので，実際問題としても講義を軽視することはできません。

　また，論文式試験で出題されそうな事例問題や判例を素材とした講義に関していえば，そこで培われた知識や法的思考力がそのまま司法試験・予備試験に活きてくることになります。

2　独学

　独学で予備試験の合格を目指す場合，学者の先生が執筆した法学の教科書・判例集・法学雑誌・学術論文や予備校が出版している教科書（学者の教科書等を試験用にまとめたもの）を利用することになります。

　確かに，旧司法試験時代もいわゆる天才・秀才は，独学で合格していきました。

　しかし，ほとんどの受験生は独学での学習をすぐに諦めます。**法学は極めて難解な学問**です。専門用語が次々と登場するため，日本語で書かれているにもかかわらず，意味が全く分からないといったことがよくあります。例えば，民法では「善意」という専門用語が出てきますが，これは日本語的な意味（「好意で」といった意味）とは異なる意味で用いられています。しかも，困ったことに，それが文脈によって「知らない」という意味であったり，「積極的に信じる」という意味であったりと変化するのです。このことを独力で理解しようとしても難しいといわざるを得ません。

　また，身につけなければならない法学の知識は膨大です。教科書1冊だけでもかなり分厚いのですが，それが科目によっては複数冊存在します

(最も多い民法では，4冊5冊は当たり前です)。それだけでなく，最高裁判例の判例を学習するための判例集，最先端の議論を学ぶための法学雑誌・学術論文なども読まなければなりません。

　これらを全部読みこなすのか……と，気が遠くなってしまいます。

　予備校の教科書も，学者の教科書等に比べれば分かりやすいものの，これをまとめたものにすぎませんので，結局難解な用語が並べ立てられていること，合計何千頁も読まなければならないことには変わりがありません。

　ちなみに，司法試験や予備試験の合格のために，これらの文献を全部読まなければならないわけではありません。試験に出題される知識の範囲は，旧司法試験時代からの過去問の蓄積がありますので，それを分析することによってある程度絞られるからです。

　しかし，独学の場合，何が司法試験・予備試験で必要な知識で何が不要な知識なのか，何を読めばどの程度の知識が身につくのか等の見分けがつきません。

　そのため，結局は満遍なく読みこなさなければならなくなるのです。

　そうすると，最短合格・1年合格などは「夢のまた夢」ということになってしまいます。

3　予備校

　そこで，ほとんどの予備試験受験生は司法試験受験予備校を利用しています。これは，旧司法試験時代から変わりません。法科大学院創設後も，受験生は多かれ少なかれ司法試験の受験のため，予備校を利用してきたのです。

　予備校を利用するメリットは，大きく2つあります。

第1に，司法試験・予備試験対策に特化していること。
　例えば，筆者は2009年に司法試験に合格していますが，その後は実務を兼任することなく，受験指導に特化しています。学者執筆の教科書はもちろんのこと，法学雑誌や学術論文まで司法試験の受験指導に必要なものには全て目を通しています。筆者のように実務を兼任せず，受験指導に特化している講師は非常に珍しいのですが，他の講師も少なからず司法試験の受験指導に精通しています。
　上記のように，法学の知識は難解なだけでなく，身につけなければならない量が尋常ではありません。予備校はそれらの中から試験に必要な情報だけに絞り込んで，講義をしているのです。
　ちなみに，筆者は，それらの膨大な情報量から，司法試験・予備試験の観点から必要な知識だけに絞ったフルカラーのオリジナルテキストを作成して，法学知識ゼロの方でもすぐに理解できるような講義をしています。
　第2に，司法試験・予備試験の短期合格のための合理的なカリキュラムを提供していること。
　受験指導予備校には，旧司法試験からの受験指導のノウハウが蓄積されています。そのため，受験生がどの辺りでつまずきがちなのか，どの辺りを苦手としているのか，全て把握しています。それを踏まえて，司法試験・予備試験に最速で合格できるためのカリキュラムを提供しています。
　予備校にもよりますが，おおよそ2年間のカリキュラムで予備試験に合格するための知識・技術が身につくようプログラムされています。
　なお，筆者が講義を担当するアガルートアカデミーでは，1年間の学習で予備試験に合格するためのカリキュラムを提供しています。
　これらのことから，予備試験の最短合格を目指す場合には，予備校利用は必須だと考えた方がよいでしょう。

> **Point**
> □ 大学の講義や独学では，予備試験の1年合格はほぼ不可能
> □ 予備試験の1年合格のためには，予備校利用は必須

Column 法科大学院ルートを採る場合，予備校は不要？

　法科大学院ルートを採る場合には，予備校利用は不要なのかというと，違います。

　上位・難関法科大学院既修者コースは，予備試験ほどではないものの，予備試験と法科大学院の併願がスタンダードであることから，予備試験を第1志望とする受験生が法科大学院を受験している関係で，ある程度の難関試験です。

　多くの受験生は，上位・難関法科大学院既修者コースに入るために，予備校を利用しているのです。

　さらに，上位・難関法科大学院既修者コースに入学した後も予備校を利用するのが通常です。法科大学院の授業だけでは，司法試験対策としては十分でないことが多いからです。

　法科大学院ルートを採ったからといって予備校利用が不要となるわけではなく，むしろ予備校代がかさむ場合も多いというのが現状です。

Column 予備校の費用

　本文で説明したように，一般的な予備校のカリキュラムは2年間です。この2年間のカリキュラムは，予備校にもよりますが，100万円前後と考えて頂いて結構です。法科大学院の1年間の学費とほぼ同じなので，異常に高いとはいえないのですが，それでも高額であることは間違いありません。特に，大学や法科大学院との「ダブルスクール」の場合，経済的な負担が増してしまいます。

　宣伝になってしまいますが，筆者が講師を務めるアガルートアカデミーでは，一般的な2年間のカリキュラムの中から不要な部分をそぎ落とし，1年間のカリキュラム（カリキュラム予備試験・法科大学院A）に圧縮した上で，受講料を約半額の50万円程度としています（ただし，テキストは司法試験

受験予備校で唯一のフルカラーとし，PC はもちろんのこと，スマートフォンでもタブレットでも講義を受講できるようにしており，品質は落としていません）。

予備試験「最速」合格のスケジュール
～予備試験突破のための2つの戦略～

　前章で説明したように，予備試験は，5月に短答式試験，7月に論文式試験，10月に口述試験が行われ，それぞれの試験を順次突破していくという段階式の選抜方法を採っています。それぞれの試験の成績は，その試験の合否の判定のみに用いられます（その後の試験の合否には影響しません）。

　そのため，まずは5月に行われる短答式試験を突破しなければなりません。

　短答式試験は，合格率が20％前後と，簡単な試験ではありませんが，そうはいっても前述のように，中には記念受験的な人もおり，また知識を中心に問う出題傾向にあるため，コツコツと勉強しさえすれば，突破できる試験です。

　これに対して，論文式試験は，予備試験では，短答式試験に合格した受験生のうちの20％前後しか合格しない試験です。その中には当然記念受験的な人は含まれていませんし，また，出題傾向が，基本的な知識をベースとして，高度な思考力・応用力を問うものであるため，相当な難関試験になっています。

　なお，口述試験は，論文式試験を突破した人の中の9割以上が合格する試験になりますので，その対策を考えるのは，論文式試験を突破した後でよいでしょう。

　以上から，1年間の勉強で予備試験に合格するためには，第1に論文式試験をいかにして突破するのかという点がポイントとなります。また，第2に，短答式試験は足切り点（例年，270点満点で165点か170点）をクリアできればよく，それ以上の点数は必要ないため，その点数をいかにして効率よく稼ぐかという点がポイントになります。

　これらを踏まえて，論文式試験までの勉強法を考えていきましょう。

> **Point**
> □ 論文式試験をいかにして突破するのか，短答式試験の足切り点をいかにして効率よく稼ぐのかが，「最速」合格のためのポイント

Column　学習開始時期

　これから説明する学習スケジュールは，約 1 年間の学習期間で予備試験の合格を目指すというものです。そのため，学習の開始時期は，概ね 3 月〜 7 月頃を想定しています。

　では，例えば，本書を手にとって，予備試験の合格を目指そうと思い立ったのが，秋から冬だった場合はどうするか。

　秋口であれば，死ぬ気になって勉強すれば不可能ではありません。1 日の学習時間は膨大なものになりますが，年内にこなさなければならない部分を圧縮して消化してしまいましょう。

　これに対して，さすがに半年の学習期間では予備試験の最終合格は現実的ではないので，冬から学習を開始する場合には，再来年の予備試験を目指すことになります（例えば，2015 年 12 月に学習を開始した場合には，2017 年度の予備試験）。もっとも，翌年の予備試験を受験しない手はありません。出願期間が過ぎていなければ，出願し，力試しに受験してみてください。本試験の雰囲気を味わうだけでも，十分な収穫があるはずです。

　もし仮に短答式試験を突破できれば，さらに論文式試験までの期間学習の猶予が与えられることになるので，そこでの頑張り次第では論文式試験突破も……という可能性も出てきます。

具体的な学習スケジュール

1　年内の勉強法

(1)　論文式試験対策

基本的な知識のインプット　論文式試験にせよ，短答式試験にせよ，基本的な法学の知識がなければ，問題を解くことはできません。そのため，予備校の入門講座・基礎講座を受講し，基本的・総合的な法学の知識を身につけることからスタートします。

　勉強に費やすことができる時間の量は個人差がありますが，約1年間の学習で予備試験の合格を目指す場合，基本7法をいかに早く修得することができるかが重要になりますので，1日2時間～3時間は，講義を受講するようにしましょう（筆者が講義を担当するアガルートアカデミーでは，総合講義300が入門講座・基礎講座に相当しますが，この講座は7法の基本的な知識を300時間で講義します。1日3時間ずつ受講した場合，100日＝3ヶ月強で受講を終えることができる計算です）。

答案の書き方の習得　論文式試験対策の第1歩として，論文式試験問題の解き方・書き方を学ぶ必要があります。そこで，予備校が開講している論文答案の書き方についての講座を受講しましょう。

　これは，入門講座・基礎講座等のインプット講座と並行して受講するのが効果的です。インプット講座と並行して受講することによって，インプ

ット講座で学んだ知識がどのように論文式試験で問われるのかということを知ることができるからです。

問題集・過去問を解く　基本的な知識をインプットし，論文答案の書き方を学んだ後は，ひたすら問題演習を繰り返します。

学習ツールとしては，多数の重要問題を潰すことができる予備校の論文講座を受講するか市販の問題集を解きましょう。

問題集や講座ですが，一般的にいえば，ひとまず答案構成レベルで結構です。全ての問題について，実際に答案を作成すると，かなりの時間を食ってしまい，多くの問題を潰す（司法試験受験業界では，慣行的に問題やテキスト，講義をこなすことを「潰す」とか「回す」と表現しています）ことができません。短期間で大量の問題を潰すために，答案構成で止めておくことをオススメしています。

講座のテキスト・問題集をある程度潰し終わった段階で，旧司法試験や予備試験の論文式試験で実際に出題された過去問を解いてみましょう。中にはかなり難易度の高い問題も含まれていますが，全く太刀打ちできないというレベルでもありません（なお，後述のように，司法試験の過去問はもう1段階上のレベルです）。もし，この段階では手も足も出ないという問題があれば，その問題は飛ばしてしまっても結構です。

過去問はできる限り，時間を計って答案を作成してみることをオススメします。難易度はさほど高くありませんが，本試験ならではの「ひねり」が入った良問が多いので，問題演習としては最適です。

なお，過去問を潰す場合には，**予備校が市販している再現答案集を併せて利用するとよいでしょう**。実際に合格者がどのレベルの答案を書いていたのかが分かり，到達点を把握することができます。

> **Column** 再現答案集
>
> 　司法試験・予備試験では，採点された答案が返ってきません。司法試験では法系ごとの点数と合計点が，予備試験ではＡ～Ｆ評価と合計点が返ってきます。そのため，受験生の答案が実際にどのように採点されているのか，厳密には分からないのですが，通常予備校が受験直後の受験生に再現答案を書いてもらい，合格発表後に通知される点数や評価と照らしあわせて見ると，おおよその採点基準を推測することができるのです。この再現答案をまとめた書籍（再現答案集）を各予備校が出版しています。

答練を受ける　これと並行して，予備校が主催する予備試験型問題を使った答練を受講しましょう。ここでは，今までに学んだ知識や問題の解き方等のテクニックを使いこなし，実際に答案を作成することを目的とします。試験本番の厳しい時間制限に慣れるため，できる限り本番に近い環境（あるいはそれより厳しい環境）に身を置いて，制限時間内で答案を仕上げる訓練をしましょう。例えば，予備試験では１問当たり70分の制限時間が与えられることになりますが，答案練習会ではあえて自分で１問当たり60分の時間制限を設けてみるといった方法が有効です。

法律実務基礎科目のインプット　前述のように，予備試験の論文式試験では，民事・刑事の法律実務基礎科目が試験科目となっています（なお，一般教養科目も試験科目となっていますが，これについて対策を施している受験生はほとんどいないのが現状ですので，無視してしまって構いません。過去問に目を通しておく程度で十分でしょう）。

　そのため，この対策も別途必要になります。

　この段階では法律基本科目の基本知識が身についているはずなので，独学でインプットすることも可能です。

　もっとも，法律実務基礎科目については教科書等があまり充実していま

せん。独学で勉強しようにもそのツールが乏しいというのが現状です。

そのため，独学で学習するより，予備校のインプット講座を受講した方が効率的です。

法律実務基礎科目の民事は，前述のように，民法と民事訴訟法の融合問題が出題されるというイメージです。そのため，民法・民事訴訟法の学習にある程度目処がついた段階で，インプット講座を受講するとよいでしょう。

法律実務基礎科目の刑事は，刑法と刑事訴訟法の融合問題というイメージです。こちらも，刑法と刑事訴訟法の学習にある程度目処がついた段階でインプット講座を受講しましょう。

ただし，民事にせよ，刑事にせよ，法律基本科目（民事では民法・民事訴訟法，刑事では刑法・刑事訴訟法）の知識・理解が相当程度身についていることが前提になります。

そのため，法律基本科目の知識・理解が不十分なまま，法律実務基礎科目の学習を始めてみてもあまり効果が上がりません。民法・民事訴訟法，刑法・刑事訴訟法の学習がある程度進んだ段階（1つの目安としては，基本的な論文式試験問題が処理できるようになった段階）で，インプット講座を受講することをオススメします。

> **Point**
> □ 年内に受講すべき講座は，基本的・総合的な知識のインプット講座→論文答案の書き方講座→重要問題を網羅的に潰せる論文講座→答練＋法律実務基礎科目のインプット講座

(2) 短答式試験対策

論文式試験対策がある程度進んだ科目について，短答式試験の学習を開始しましょう。予備校が開講している短答式試験対策の講座で，短答プロ

パー知識をインプットします。

インプット講座が終了後（あるいは並行して），市販の問題集や予備校の講座を利用して，司法試験・予備試験の短答式試験過去問を解きましょう。

短答式試験過去問については，最終的には95％程度正解できるようになるのが目標ですが，年内は，論文式試験対策に比重を置くべきなので，各科目1回（1周）ずつ解くことができれば上出来です。

なお，短答式試験対策は，論文式試験対策がある程度進んだことを前提としていることに注意してください。

前述したように，知識の面でいえば，短答式試験が論文式試験を包含する関係にありますので，核になる論文式試験対策用の知識が確立していない段階で，短答式試験の問題を解いてみてもあまり効果が上がりません。また，短答式試験でもある程度の思考力・応用力が問われる問題があります。そこで求められるのは，論文的な論理的思考力です。そのような問題は，純粋に知識だけで挑んでみても解けないように作られているので，論文式試験対策をこなし，論文的な思考力を身につけた後に学習するのが効率的です。

> **Point**
> □ 短答プロパー知識をインプットし，短答過去問を潰す

2　年明け〜3月までの勉強法

この時期は，短答式試験が数ヶ月後に迫っていますので，短答式試験対策の比重を上げていきます。一方で，論文式試験対策は，最低限度のもの

に留めざるを得ません。

(1) 論文式試験対策

司法試験型答練を受講する

前述のように，現在の予備試験は，法科大学院に進学することができない受験生に対して法曹への途を開くという本来の制度趣旨と異なり，合格者の大半を法科大学院在学生又は修了生が占めているという状況です。

そのため，予備試験の論文式試験に合格するためには，彼らと同様のレベルの素材で学習しなければなりません。

法科大学院生又は修了生は，司法試験の合格を目指していますので，当然司法試験型の長文事例問題を解いています。そうだとすると，（法科大学院在卒生ではない）予備試験受験生も，司法試験型の長文事例問題を解いておかなければ合格はおぼつかないということになります。

確実な合格を期す場合には，年内に予備試験型の短文〜中文事例問題の処理に慣れておき，年明けからは司法試験型の答練を受講することが望ましいといえます。

ちなみに，この段階で予備試験の難易度を上回る司法試験型の問題を解いておくことで，負荷をかけた学習をすることができますので，予備試験型の問題に戻った時にかなり簡単に感じるという副次的な効果が得られます。ちょうどバットに重りをつけて素振りをしていると，重りを外した時にバットが軽く感じるような感覚です。

ただし，短答式試験に合格しなければ論文式試験を受けることすらできませんので，短答式試験対策の進捗状況（例えば，短答過去問を年内に1科目も1周させていない場合）によっては割愛してしまっても仕方がありません。

司法試験過去問を解く　上記と同じ理由で，司法試験の過去問を解くことも有用です。

ただし，これも司法試験型答練と同様，短答式試験対策の進捗状況によっては割愛してしまってください。

また，司法試験の過去問は，問題そのものとしてかなり難易度が高いので，この段階で解いてみても太刀打ちできないということがあるかもしれません（予備試験と司法試験の問題の難易度の乖離が大きい科目として，行政法，商法，民事訴訟法，刑事訴訟法が挙げられます）。その場合は，チャレンジしてみても時間の無駄になってしまいますので，短答式試験後に再度チャレンジしてみるということでも結構です。

なお，短答式試験後でも構いませんので，最低限憲法は解いておくことをオススメします。憲法は，予備試験と司法試験の出題形式がほぼ同様で，難易度もそこまで変わらない（予備試験の問題がかなり難しい）ので，予備試験対策としてかなり効果的です。

> **Point**
> □ 司法試験型答練，司法試験過去問を潰すべきだが，短答式試験対策の進捗状況によっては割愛可

(2) 短答式試験対策

司法試験・予備試験の短答式試験過去問を解く　年内にこなすことができなかった短答式試験過去問をこなしましょう。年内に全科目を1周回すことができている場合には，できなかった問題をピックアップしてこなしていきます。

2周目でもできなかった問題は，さらにもう一度解きます。過去問で出題された知識は，（違う確度から）繰り返し問われる傾向にあるので，でき

るまで何度でも解きましょう。

旧司法試験短答式試験過去問を解く　これは余裕があれば，ということになりますが，旧司法試験の短答式試験過去問を解くことも有用です。旧司法試験時代は，憲法・民法・刑法の3科目しか出題されていませんでしたが，その3科目についてはかなりの過去問の蓄積があります。これらまでこなすことで，その3科目については，知識や理解の精度をかなりのレベルにまで高めることができるとともに，さらに網羅性を上げることができます。

予備校の一般教養科目の対策講座を受講する　これはさらに余裕があれば，ということになります。上記のように，予備試験の一般教養科目はほとんど事前の対策をせずに，平均点である24点～30点程度を狙うというのが賢い戦略です。

そのため，旧司法試験短答式試験過去問を解いても，まだ余裕があるという場合にのみということになりますが（そのような受験生は存在しないような気もするのですが……），予備校の一般教養科目対策講座を受講してみると，点数の上積みが可能かもしれません。

ただ，一般教養科目の短答式試験対策をするくらいであれば，法律基本科目や法律実務基礎科目の論文式試験対策に充てた方がよいともいえるので，本当に余裕があれば，という程度で考えておいてください。

Point

- □ 司法試験，予備試験の短答過去問はできるまで何度でも解く
- □ 時間があれば，旧司法試験の短答過去問を解く
- □ さらに，時間があれば，予備試験の一般教養科目対策講座を受講する

3　短答式試験直前期(4月)～短答式試験受験までの勉強法

　この時期は，短答式試験直前期に当たります。短答式試験対策に集中しましょう。
　論文式試験対策は，余裕がある場合や気分転換といった程度の位置づけです。

(1)　論文式試験対策

　この時期は，短答式試験の直前期になりますので，論文式試験対策はひとまず措いておいてください。気分転換に，論文の勘を鈍らせないように，問題集を解いてみる，答案を書いてみるといった程度で結構です。

(2)　短答式試験対策

短答式試験過去問の総復習　今まで解いてきた短答式試験過去問で，できなかった問題を総復習しましょう（第1順位は当然司法試験・予備試験の過去問です。旧司法試験の過去問は余裕がある場合に復習しましょう）。
　知識が定着しているかどうかを確認するとともに，短答式試験問題の処理に必要なテクニックや思考フローが身についているかどうかも確認しましょう。

短答式試験の模擬試験の受験　各予備校では，この時期に短答式試験の模擬試験が実施されます。
　短答式試験は，論文式試験ほど時間制限は厳しくありま

せんが，試験本番の環境に慣れるために，必ず短答式試験の模擬試験を受験するようにしてください。1回か2回程度受験しておけば十分です。

> **Point**
> □ 論文式試験対策はひとまず措いておき，短答式試験に注力する
> □ 短答過去問を総復習するとともに，模試を必ず受験する

4　短答式試験受験後〜論文式試験受験までの勉強法

　この時期は，論文式試験の直前期になります。論文式試験突破に向けて最後の追い込みをします。ちなみに，短答式試験から論文式試験までは2ヶ月間しかありませんが，短答式試験の実施日から短答式試験の合格発表までは1ヶ月弱あります。そのため，合格発表を待って論文式試験の学習を開始するのでは，1ヶ月程度の学習時間しか取ることができません。

　平成23年度，平成24年度を除き，短答式試験の合格最低点は170点です。短答式試験直後に予備校が発表する解答を参考に自己採点をし，170点を超えている場合には，すぐに論文式試験の勉強を開始してください。平成23年度，平成24年度は165点だったので，165点でも可能性はあります。仮に，短答式試験に不合格となってしまった場合も，ここで勉強したことは翌年の予備試験や法科大学院入試でも活きてきますので，165点を超えている場合もやはり論文式試験の学習をすぐに開始してください（予備校によって解答が割れる場合もありますが，その場合は，1番低い点数のものを基準としてください）。

(1) 予備校の直前答練，模擬試験の受講

この時期には，各予備校が予備試験型問題を使った直前答練や模擬試験を実施します。直前答練や模擬試験は，出題予想論点が盛り込まれているだけではなく，試験本番のタイムマネジメントを再度確認するためのツールとして有用ですので，これらの答練や模擬試験は必ず受講するようにしてください。

(2) 論文問題の総復習，基本的な知識・理解の確認

今まで解いてきた論文問題でできなかった問題を総復習します。論文問題で最も優先順位が高いのは過去問です。前述のように，過去問では，本試特有の「ひねり」が入っていますので，それに対する免疫を培う（回復させる）必要があります。予備試験過去問はもちろんのこと，旧司法試験過去問もしっかりと復習してください。特に，論文問題処理のための思考方法がしっかりと身についていたのかどうかという点を確認してください。

それと同時に，問題の復習を通じて，基本的な知識や理解に抜けがないか確認してください。基本的な知識や理解に抜けがある場合には，講座のテキスト等に戻って確認しましょう。

(3) 法律実務基礎科目の総まくり

法律実務基礎科目は，どうしても学習の開始時期が遅くなりますので，知識や理解の定着度が低いという方が多く見られます。

この時期に，法律基本科目以上に，知識や理解の確認を徹底するとともに，問題集や答練などで問題演習を積みましょう。

予備試験受験生の法律実務基礎科目のレベルは決して高くないので（大

きく問題の傾向が変わった平成26年度では，心が折れないで最後まで書き切っただけでBがついたという話も聞きました），直前期に一気に追い込むことで，逆に得点源にすることができる科目です。

(4) 司法試験過去問へのチャレンジ

短答式試験前に解くことができなかった問題や科目にチャレンジしてみてください。ただ，上記のように司法試験過去問は非常に難易度が高いので，太刀打ちできない問題も出てくると思います。その場合は，時間の浪費を避けるため，その問題はバッサリと忘れてしまいましょう（ちなみに，そのレベルの問題は，法科大学院生や修了生であっても，正解が分からないという場合も往々にしてありますので，あまり気にしないでください）。

> **Point**
> □ 予備校の直前答練，模擬試験は必ず受験する
> □ 論文問題の総復習をするとともに，基本的な知識・理解の確認をする
>   特に，法律実務基礎科目は重点的に
> □ 難易度が高すぎる問題を除き，司法試験過去問を解く

Column　口述試験の勉強法

　前述のように，口述試験は論文式試験の合格発表後から集中して行うというのが一般的です。そのため，論文式試験の合格発表を待ってから考えれば足りるのですが，一言アドバイスをしておきましょう。

　まずは，論文式試験の法律実務基礎科目で培った知識を総復習しましょう。論文式試験終了後から合格発表までは2ヶ月以上空いてしまいますので，知識が劣化してしまっている可能性が高いものです。ただ，基本的な理解まで失われてしまうわけではありませんので，おそらく短時間で記憶を喚起することができると思います。

　次に，前述のように，口述試験はある程度の場慣れが必要になります。論文式試験の合格発表後，各予備校が口述試験の模擬試験を実施しますので，これは必ず受講するようにしてください。

	総合知識対策 （口述試験対策）	論文式試験対策 （口述試験対策）	短答式試験対策

凡例：
- 取り組むべき内容
- 取り組むべき内容の復習
- 余裕がある場合に取り組むべき内容
- 余裕がある場合に取り組むべき内容の復習

年内（3〜12月）
- 総合知識対策：総合的な知識の習得
- 論文式試験対策：論文答案の書き方の習得／論文問題の演習を繰り返す／予備試験型答練／予備試験論文過去問／法律実務基礎科目
- 短答式試験対策：短答プロパー知識の習得

年明け（1〜3月）
- 論文式試験対策：司法試験型答練／司法試験過去問
- 短答式試験対策：司法試験過去問／旧司法試験・予備試験過去問

短答直前期（4〜5月）
- 短答式試験対策：復習・復習・復習・模試 → 短答式試験

〜〜〜 短答合格発表 〜〜〜

論文直前期（6〜7月）
- 総合知識対策：復習
- 論文式試験対策：復習／答練・模試／司法試験過去問／復習・問題演習 → 論文式試験

〜〜〜 論文合格発表 〜〜〜

口述試験（10月）
- 総合知識対策：復習
- 論文式試験対策：復習 → 口述試験

〜〜〜 最終合格発表 〜〜〜

4　予備試験に「最速」で合格するための学習法　133

5 予備試験後の司法試験受験のための学習法

予備試験と司法試験の違い

1 出題形式

　第1章でも説明したように，司法試験には，口述試験がありません。短答式試験と論文式試験だけです。

2 出題科目

　司法試験には，一般教養科目と法律実務基礎科目がありません。
　法律基本科目については，括りが「法系」になりますが，呼び方が異なるだけで，出題範囲等には違いはありません。

3 選択科目

　司法試験特有の試験科目として，選択科目があります。これも第1章で説明しましたが，倒産法・租税法・経済法・知的財産法・労働法・環境法・国際関係法（公法系）・国際関係法（私法系）の8科目の中から1科目

を選択しなければなりません。

選択科目については，項目を分けて説明します。

4　論文式試験

法律基本科目における予備試験と司法試験の最大の違いは，論文式試験の問題文の長さです。

第3章で司法試験の問題（平成26年度刑法）をサンプルとして掲載しましたが，予備試験の法律基本科目の問題文と比べ，4倍～5倍の長さになります（実務基礎科目と同じくらい）。それに伴い，1問2時間と試験時間も長くなります（公法系は2科目で4時間，民事系は3科目で6時間，刑事系は2科目で4時間）。

また，前述しましたが，全体的に問題の難易度が高くなります。

さらに，科目によっては，予備試験には見られなかった出題形式や出題傾向を持つ場合があります。

予備試験に合格している以上，法律の基本的な素養には全く問題がないはずですが，司法試験問題への「慣れ」は必要になります。

（予備試験受験時に解ききれなかった）司法試験過去問を解くなどして，司法試験問題への「慣れ」を培ってください。

> **Point**
> □ 出題形式，出題科目という点では，選択科目を除き，予備試験が司法試験を包含する関係にある
> □ 司法試験問題への「慣れ」は必要

Column 短答式試験の違い？

論文式試験は，司法試験の方が問題文が長く難易度も高いのですが，短答式試験はむしろ逆です。

まず，科目が大幅に減少します。前述のように，平成27年度の司法試験から短答式試験の出題科目は憲法・民法・刑法の3科目になりました。予備試験の場合には，一般教養科目も含めて8科目出題されますので，この点で大きく負担が減ります。

しかも，予備試験の場合は，一般的には，一般教養科目で平均点程度しか取れないという前提で短答式試験の合格ラインを超えなければならないので，法律基本科目では7割程度の得点率が要求されます。

これに対して，司法試験では，例年6割程度の得点率で合格ラインを超えることができます（平成27年度は試験科目が憲法・民法・刑法の3科目になったこともあり，65％程度が合格最低点になりました）。

そのため，短答式試験だけで見れば，予備試験の方が司法試験より圧倒的に難しいという一種の「逆転現象」が起きているのです。

実際，予備試験合格者で，司法試験の短答式試験に不合格となってしまう人は，ほとんどいません（図20）。

【予備試験合格者の司法試験短答式試験結果】（図20）（法務省公表データより作成）

年（平成）	受験者	合格者
23	―	―
24	85	84
25	167	167
26	244	243

選択科目の学習法

1　科目の選択

　まずは，8科目の中からどれかを選ばなければなりません。
　成績処理をする段階で得点調整が入りますので，科目ごとの有利不利はありません。どれを選んでも大丈夫です。
　人気なのは，労働法，倒産法，知的財産法の3科目です。これらの科目は，他の科目に比べ，教科書・参考書・演習書等の学習ツールが充実しており，比較的勉強しやすいという特徴があります。もっとも，他の受験生も同様の環境なので，だからといって有利になるわけでもありません。

2　インプットとアウトプット

(1)　インプット

　予備試験合格後は，すでに法律基本科目（法律実務基礎科目）の知識が身についていますので，学者や予備校が出版している教科書を読んで，自学自習で知識を身につけることも可能です。そのため，選択科目の学習においては，予備校は必須ではありません。
　ただ，口述試験の合格発表が11月上旬になされるため，翌年の司法試

験を受験するに当たって，準備期間が約半年しかありません。また，法科大学院ルートの受験生は，選択科目を法科大学院在学中にある程度学習していますので，予備試験ルート受験生に比べ，ややリードしている状況です。

これらのことから，素早くインプットを終え，アウトプットに移行するために，そして法科大学院ルート受験生よりも選択科目で得点を稼ぐため，予備校のインプット講座を利用した方が効率的であるという判断もあり得るかと思います。

(2) アウトプット

最低限，過去問は全年度解くようにしましょう。全ての科目で2問ずつ出題されますので，過去問だけでかなりの演習量を確保することができます。

ただ，できれば，予備校が実施している選択科目の答練を受講するか，予備校や学者が出版している市販の問題集をこなすなどして，＋αの演習をこなして欲しいところです。予備試験の出題科目に含まれていない分，法律基本科目（法律実務基礎科目）に比べると，演習量が不足しがちだからです。

> **Point**
> □ 選択科目はどれを選んでも有利不利はない
> □ インプットは独学でも可能だが，予備校を利用した方が効率的
> □ アウトプットは，過去問は必須。＋αの問題演習が望ましい

司法試験に「最速」で合格する

　本書の最大のテーマである「予備試験最速合格」については，ここまでで全て説明しました。
　ここでは，司法試験の「最速」合格について説明したいと思います。
　予備試験の「最速」合格が司法試験の「最速」合格につながることは間違いありません。もっとも，予備試験は合格率3％程度の超難関試験ですので，運悪く不合格となってしまうという場合も想定されます。
　第3章でお話しした通り，その場合はどこかのタイミング（大学生の場合は，大学4年次）で予備試験に見切りをつけて，上位・難関法科大学院の既修者コースに進学しましょう。
　確かに，法科大学院に進学した場合，そこで最低でも2年間の学習期間を要するので，それを「最短」と呼んでよいのかどうかは疑問があります。
　しかし，現行の制度では，法科大学院に進学しても，予備試験を受験することはできます。そこで合格できれば，1年でも早く法曹になるという最終的な目標を達することができます。
　仮に，法科大学院在学中にも予備試験に合格することができなかったとしても，法科大学院を修了すること自体はそこまで難しくないので，ほぼ確実に司法試験の受験資格を取得することができます。そして，上位・難関法科大学院既修者コースであれば，高い確率で司法試験に合格することができます。
　予備試験に継続的にチャレンジし続け，何年も費やした結果，法科大学院ルートより法曹になるのが遅れてしまうということになると本末転倒です。
　1年でも早く法曹になるためには，その都度その都度の柔軟で合理的な判断が求められるということは覚えておいてください。

> **Point**
> ☐ 法科大学院ルートへの「切り替え」は合理的に

あとがきに代えて〜予備試験「最速」合格のための心構え〜

　本書では，データを多数引用し，記述に客観性を持たせ，一方で精神論や勉強法一般のような「ハウツー本」的要素はできる限り排除してきました。
　ただ，予備試験を目指す皆さんに，最後に一言だけ精神面のアドバイスを。
　本書をここまでお読み頂いたのですから，おそらく皆さんは今予備試験にチャレンジするというやる気やモチベーションに満ちあふれていると思います。
　それに水をさすつもりは全くないのですが，1年間の学習で予備試験の合格を目指す場合，かなりハードな受験勉強をしなければなりません。そのため，思うように学習が進まず，学習スケジュールに遅れが生じることもあるかと思います。
　それ自体は何も不思議ではありません。
　重要なのは，そこで心が折れそうになるのを堪え，修正することです。
　前章でお話しした学習スケジュールは，正直いってかなりタイトなので，6割〜7割程度実現できれば御の字です。全部スケジュール通りこなすことができなかったからといって落ち込むことはありません。学習スケジュールはその都度その都度で修正するのが普通なのです。
　ただ，学習の進度，学習に割くことができる時間などは個人差があるので，一口に「修正」といわれても困るという方が多いと思います。
　そこで，もし学習スケジュール等で悩んだ場合は，筆者のブログ（「工藤北斗の業務日誌〜司法試験予備校講師ブログ〜／http://ameblo.jp/nancoppi/）のコメント欄にコメントをください。筆者が業務多忙の場合はお返事が遅れてしまう場合がありますが，原則として，学習相談等には全てお答えしています。筆者の講座を受講しているか否かを問いません（なお，筆者の講座を受講する・している場合には，専用のフォロー制度がありますので，そちらをご利用ください）。

最後になりましたが，1人でも多くの方が1年でも早く予備試験，司法試験に合格し，法曹実務家として活躍されることを願ってやみません。

　　　　　　　　　　　　アガルートアカデミー講師　　工藤　北斗

参照データ一覧

(＊本文で参照した公表データは下記の通り。URL は 2015 年 6 月現在)

1 本文各章図

図 1
：法務省 HP「平成 27 年司法試験受験状況」(http://www.moj.go.jp/content/001147386.pdf)，「司法試験の結果について」(http://www.moj.go.jp/jinji/shihoushiken/jinji08_00026.html) 頁所収，平成 18 年～平成 26 年「法科大学院等別合格者数等」参照

図 2
：法務省 HP「旧司法試験第二次試験出願者数・合格者数等の推移」(http://www.moj.go.jp/content/000054973.pdf)，「平成 22 年度旧司法試験第二次試験大学別合格者数一覧表」(http://www.moj.go.jp/content/000057100.pdf) 参照

図 3
：上記図 1・図 2 の参照データに基づき作成

図 4
：法務省 HP「司法試験予備試験の結果について」(http://www.moj.go.jp/jinji/shihoushiken/jinji07_00027.html) 頁所収，平成 23 年～平成 27 年「短答式試験結果」，平成 23 年～平成 26 年「論文式試験結果」，平成 23 年～平成 26 年「口述試験結果」参照

図 5
：法務省 HP「平成 26 年司法試験法科大学院等別合格者数等」(http://www.moj.go.jp/content/000126774.pdf)，「平成 25 年司法試験法科大学院等別合格者数等」(http://www.moj.go.jp/content/000114386.pdf)，「平成 24 年司法試験法科大学院等別合格者数等」(http://www.moj.go.jp/content/000101962.pdf) 参照

図 6
：文部科学省 HP「志願者数・入学者数等の推移（平成 16 年度～平成 27 年度）」（中央教育審議会大学分科会法科大学院特別委員会第 68 回資料）(http://www.mext.go.jp/b_menu/shingi/chukyo/chukyo4/012/siryo/__icsFiles/afieldfile/2015/05/18/1357974_5.pdf)，「各法科大学院の入学者選抜実施状況等」（同資料）(http://www.mext.go.jp/b_menu/shingi/chukyo/chukyo4/012/siryo/__icsFiles/afieldfile/2015/05/18/1357974_6_1_1.pdf)，「参考資料(1)」（同第 65 回資料）(http://www.mext.go.jp/b_menu/shingi/chukyo/chukyo4/012/siryo/__icsFiles/afieldfile/2014/09/24/1352164_12.pdf) 参照

図7
：法務省 HP「平成 26 年司法試験法科大学院別人員調（既修・未修別）」（http://www.moj.go.jp/content/000126774.pdf），「平成 25 年司法試験法科大学院別人員調（既修・未修別）」（http://www.moj.go.jp/content/000114386.pdf），「平成 24 年司法試験法科大学院別人員調（既修・未修別）」（http://www.moj.go.jp/content/000101962.pdf）参照

図8
：法務省 HP「司法試験の結果について」（http://www.moj.go.jp/jinji/shihoushiken/jinji08_00026.html）頁所収，平成 18 年～平成 26 年「法科大学院等別合格者数等」参照

図9
：内閣官房 HP「平成 26 年司法試験予備試験口述試験受験者に対するアンケート調査結果」（法曹養成制度改革顧問会議第 15 回資料）（http://www.cas.go.jp/jp/seisaku/hoso_kaikaku/dai15/siryou07-1.pdf）52 頁（2　大学在学中の受験者に対するアンケート結果）より抜粋

図 10
：同上 54 頁（3　法科大学院在学中の受験者に対するアンケート結果）より抜粋

図 11
：内閣官房 HP「法曹志望についてアンケート（回答集計）（伊藤塾）」（http://www.cas.go.jp/jp/seisaku/hoso_kaikaku/dai9/siryou7_2.pdf）72 頁より抜粋，「法曹志望について アンケートのお願い（伊藤塾）」（法曹養成制度改革顧問会議第 9 回資料）（http://www.cas.go.jp/jp/seisaku/hoso_kaikaku/dai9/siryou7_1.pdf）68 頁参照

図 12
：同上「法曹志望についてアンケート（回答集計）（伊藤塾）」74 頁より抜粋

図 13
：法務省 HP「平成 26 年司法試験予備試験　参考情報」（http://www.moj.go.jp/content/001128459.pdf）参照

図 14
：法務省 HP「予備試験の実施方針について」（http://www.moj.go.jp/content/000006534.pdf）ほか，各法科大学院の公表情報を参照

図 15・図 17
：法務省 HP「司法試験予備試験の試験時間について」（http://www.moj.go.jp/content/000068791.pdf），「司法試験予備試験における出題範囲及び問題数等について」（http://www.moj.go.jp/content/000069847.pdf），「司法試験予備試験に関する配点について」（http://www.moj.go.jp/content/000058160.pdf）参照

図 16
：法務省 HP「司法試験予備試験の結果について」（http://www.moj.go.jp/jinji/shihoushiken/jinji07_00027.html）頁所収，平成 23 年～平成 27 年「短答式試験結果」参照

図 18
：法務省 HP「司法試験予備試験の結果について」（http://www.moj.go.jp/jinji/shihoushiken/jinji07_00027.html）頁所収，平成 23 年～平成 26 年「論文式試験結果」参照

図 19
：法務省 HP「司法試験予備試験の結果について」（http://www.moj.go.jp/jinji/shihoushiken/jinji07_00027.html）頁所収，平成 23 年～平成 26 年「口述試験結果」参照

図 20
：法務省 HP「平成 24 年司法試験受験状況（予備試験合格者）」（http://www.moj.go.jp/content/000101958.pdf），「平成 25 年司法試験受験状況（予備試験合格者）」（http://www.moj.go.jp/content/000114387.pdf），「平成 26 年司法試験法科大学院等別合格者数等」（http://www.moj.go.jp/content/000126774.pdf）

2　第 3 章所収問題

予備試験平成 26 年度憲法第 1 問・第 4 問，同行政法第 15 問
：法務省 HP「平成 26 年司法試験予備試験問題　短答式試験　憲法・行政法」（http://www.moj.go.jp/content/000123105.pdf）

予備試験平成 26 年度民法第 12 問，同商法第 17 問
：法務省 HP「平成 26 年司法試験予備試験問題　短答式試験　民法・商法・民事訴訟法」（http://www.moj.go.jp/content/000123106.pdf）

予備試験平成 26 年度刑法第 11 問
：法務省 HP「平成 26 年司法試験予備試験問題　短答式試験　刑法・刑事訴訟法」（http://www.moj.go.jp/content/000123107.pdf）

予備試験平成 23 年刑事訴訟法第 26 問
：法務省 HP「平成 26 年司法試験予備試験問題　短答式試験　刑法・刑事訴訟法」（http://www.moj.go.jp/content/000073966.pdf）

予備試験平成 26 年度一般教養科目第 1 問・第 5 問・第 6 問・第 11 問・第 13 問・第 18 問・第 19 問・第 23 問
：法務省 HP「平成 26 年司法試験予備試験問題　短答式試験　一般教養科目」（http://www.moj.go.jp/content/000123108.pdf）

予備試験平成 23 年度民法
：法務省 HP「平成 23 年司法試験予備試験問題　論文式試験　民法・商法・民事訴訟法」（http://www.moj.go.jp/content/000077125.pdf）

予備試験平成 26 年度商法
：法務省 HP「平成 26 年司法試験予備試験問題　論文式試験　民法・商法・民事訴訟法」（http://www.moj.go.jp/content/000125209.pdf）

予備試験平成 26 年度法律実務基礎科目刑事
：法務省 HP「平成 26 年司法試験予備試験問題　論文式試験　法律実務基礎科目（民事・刑事）」（http://www.moj.go.jp/content/000125211.pdf）を元に，別紙 1 を再現

予備試験平成 25 年度論文式試験一般教養科目
：法務省 HP「平成 26 年司法試験予備試験問題　論文式試験　一般教養科目」（http://www.moj.go.jp/content/000112699.pdf）

予備試験平成 26 年度論文式試験一般教養科目
：再現問題

司法試験平成 26 年度刑法
：法務省 HP「平成 26 年司法試験問題　論文式試験　刑事系科目」（http://www.moj.go.jp/content/000123138.pdf）

工藤 北斗（くどう ほくと）

1984 年生まれ。2007 年，早稲田大学法学部卒業。2009 年，慶應義塾大学法科大学院修了。同年，司法試験合格。平成 21 年度（新）司法試験を上位（総合 57 位）で合格した後，大手資格予備校の司法試験講師として入門講座から中上級者向け対策講座までを幅広く担当。2015 年 1 月にオンライン受講をメインとした司法試験対策の資格予備校アガルートアカデミーを開校し，現在アガルートアカデミー講師。「アガルート（AGAROOT）」には，資格の取得を目指す受験生のキャリア，実力，モチベーションが上がる道（ルート）になり，出発点・原点（ROOT）になるという思いが込められている。現在，司法試験に加え，弁理士試験・行政書士試験対策の講座も提供し，フルカラーテキストの配布，マルチデバイスによる配信を行っている。著書に『工藤北斗の実況論文講義 刑法』（法学書院，2015 年），『工藤北斗の合格論証集 刑法・刑事訴訟法（第 2 版）』（法学書院，2015 年），『工藤北斗の合格論証集 商法・民事訴訟法』（法学書院，2014 年），『工藤北斗の合格論証集 民法』（法学書院，2014 年）。

工藤北斗の司法試験予備試験 最速の「合格(うか)り方」

2015 年 7 月 30 日　初版第 1 刷発行

著　者―――工藤北斗
発行者―――坂上　弘
発行所―――慶應義塾大学出版会株式会社
　　　　　〒108-8346　東京都港区三田 2-19-30
　　　　　ＴＥＬ〔編集部〕03-3451-0931
　　　　　　　　〔営業部〕03-3451-3584〈ご注文〉
　　　　　　　　〔　〃　〕03-3451-6926
　　　　　ＦＡＸ〔営業部〕03-3451-3122
　　　　　振替 00190-8-155497
　　　　　http://www.keio-up.co.jp/
装　丁―――株式会社アガルート
組　版―――株式会社キャップス
印刷・製本――中央精版印刷株式会社
カバー印刷――株式会社太平印刷社

©2015　Hokuto Kudou
Printed in Japan　ISBN978-4-7664-2232-0